V&R

Alice Bodnár

Der ewige Kollege

Reportagen aus der Nähe des Todes

Vandenhoeck & Ruprecht

Bibliografische Information der Deutschen Nationalbibliothek

Die Deutsche Nationalbibliothek verzeichnet diese Publikation in der
Deutschen Nationalbibliographie; detaillierte bibliographische Daten sind im
Internet über http://dnb.d-nb.de abrufbar.

ISBN 978-3-525-40421-8

© 2009, Vandenhoeck & Ruprecht GmbH & Co. KG, Göttingen.
Internet: www.v-r.de

Printed in Germany.

Gesamtkonzept und Satz: Alice Bodnár
Internet: www.alicebodnar.de

Druck und Bindung: Offizin Andersen Nexö Leipzig

Gedruckt auf alterungsbeständigem Papier.

In Erinnerung an Kirsten Sahling
(1969 – 2009)

Inhalt

9 .... Einleitung

12 .... Bestattungswesen
Uwe Gerhardt (Bestattungsunternehmer)

36 .... Onkologie
Maren Knödler (Ärztin)
Kirsten Sahling (Psychologin)

62 .... Kriminalpolizei und Mordkommission
Jürgen Schade (Kriminalhauptkommissar)
Jörg Dessin (Kriminaloberrat)
Uwe Isenberg (Kriminalhauptkommissar)

110 .... Hospiz
Sabine Sebayang (Praxisanleiterin)

144 .... Rechtsmedizin
Klaus Püschel (Arzt)

172 .... Altenpflege
Ernst-Olaf Mende (Heimleiter)

201 .... Dank

203 .... Literatur

Einleitung

Wir können uns noch so sehr mit dem Tod beschäftigen, wenn er sich
tatsächlich im unmittelbaren Umfeld ereignet, sind wir in der
Regel schockiert. Da der Tod vordergründig mit Ängsten und Trauer
verbunden ist, setzen sich allerdings nur wenige gern freiwillig
mit ihm auseinander. Umso interessanter ist deswegen die Frage,
warum Menschen bewusst einen Beruf wählen, der ihnen beharrlich
die Vergänglichkeit vor Augen führt. Was können wir aus ihrem
Umgang mit dem Tod lernen? Wissen wir doch, dass wir über kurz oder
lang mit dem Thema konfrontiert sein werden: Großeltern, Eltern
und andere nahestehende Personen werden sterben – genauso wie
wir selbst.

Während wir den physischen Tod zumindest rational noch erfassen
können, entzieht sich das gänzliche Verschwinden des eigenen
Bewusstseins der menschlichen Vorstellungskraft. Das Danach bleibt
für uns im Verborgenen und ist nicht greifbar. Der naheliegende
Wunsch nach Orientierung, Trost und Hoffnung erklärt die Zuwendung
vieler Menschen zum Glauben. Er verleiht ihrem Dasein einen
Sinn und hilft ihnen, mit dieser Ungewissheit umgehen zu können.
Bronislaw Malinowski (1973), einer der Gründerväter der modernen
Ethnologie, stellt sogar die These auf, dass der Anfang von Religio-
nen in der Verneinung der menschlichen Endlichkeit begründet liege.
Darin drücke sich die Sehnsucht nach ewigem Leben aus und das
Unvermögen, ein unwiderrufliches Aufhören anzuerkennen.

Unser Umgang mit dem Tod ist eng mit dem Zivilisationsprozess
verknüpft. Seit der im 16. Jahrhundert aufkommenden Hygienediskus-
sion waren Verstorbene keine gern gesehenen Nachbarn mehr.
Die rasant wachsenden Städte im ausklingenden 19. Jahrhundert trugen
dazu bei, dass Friedhöfe, zuvor auf den Kirchhöfen im Mittelpunkt
der Gemeinden angesiedelt, nun vielerorts in die Peripherie verlagert
wurden. Es war jedoch nicht nur der Ort der Beisetzung, der sich
änderte, sondern die Menschen starben auch immer seltener zu Hause
im Kreise der Familie. Der medizinische Fortschritt hielt Einzug
und damit die Behandlung von Kranken in entsprechenden Einrichtungen. Waren die Möglichkeiten der Ärzte lange allenfalls darauf
beschränkt, die Schmerzen in der Sterbephase zu lindern, waren sie nun
zunehmend in der Lage, den Eintritt des Todes hinauszuzögern.
Der Mensch wollte sich den Launen der Natur nicht mehr widerstands-
los fügen und die Sterbeminute als natürliche Begrenzung der
Lebensdauer hinnehmen. Der Wille, den Tod zu domestizieren,
bewirkte, dass sich das Krankenhaus als Ort der Genesung auch als
Sterbeort etablierte (Elias, 1982).

Eine weitere Konsequenz des Modernisierungsschubs war eine zunehmende Bürokratisierung des Sterbens. In den vergangenen Jahrzehnten hat sich ein komplexer Organisationsapparat in Form von Sanitätsdiensten, Krankenhäusern, Pflegeheimen, Krematorien und Friedhofsverwaltungen entwickelt. Damit ging zwangsläufig eine Professionalisierung in diesen Bereichen einher. Es wird der Familie heute in vielerlei Hinsicht abgenommen, sich um ihre Verstorbenen zu kümmern. Ohnehin haben die steigende Lebenserwartung und sinkende Sterblichkeitsrate bei Kindern im 19. und 20. Jahrhundert dazu geführt, dass Menschen unter Umständen jahrzehntelang nicht mit dem Thema in Berührung kommen, also in den meisten Fällen nicht auf einen Todesfall vorbereitet sind. Außerdem haben sich die Familien- und damit die Pflegestrukturen innerhalb des letzten Jahrhunderts grundlegend geändert. Biografien sind in unserem Kulturkreis kaum noch festgeschrieben, ein zunehmend auf Selbstverwirklichung ausgelegtes Lebenskonzept fordert wachsende Mobilität. Die meisten von uns können deshalb ihre Verwandten im letzten Lebensabschnitt nur noch bedingt begleiten. Ob viele dies wollen würden, wenn sie die Möglichkeit hätten, ist die andere Frage.

Denn »ohne dass wir etwas dafür könnten, ertragen unsere Sinne nicht mehr die Anblicke und Gerüche, die, im Verein mit dem Leiden und der Krankheit, zu Beginn des 19. Jahrhunderts noch Bestandteil der Alltagswirklichkeit waren« (Ariès, 1982/2005, S. 729). Natürlich war die aufopfernde Pflege von Verwandten auch zu den Zeiten, in denen es noch zu den innerfamiliären Verpflichtungen zählte, nicht die Berufung eines jeden. Dass keiner mehr eigenhändig die Bettpfanne seiner pflegebedürftigen Verwandten ausspülen muss, wenn er dies nicht möchte, ist ein Luxus unserer Zeit. Heute haben wir die Möglichkeit, diese »Bürde« zu delegieren. Wie werden hierzulande die Menschen honoriert, die – neben den angenehmen Aspekten einer Pflege – bereit sind, diese Tätigkeiten für die Allgemeinheit zu übernehmen?

Der Tod spielt also selten eine Rolle in unserem Alltag, wird an den Rand des gesellschaftlichen Bewusstseins gedrängt. Unsere Todesvorstellung beruht weniger auf konkreten Erfahrungen im eigenen Umfeld als auf einem medial gespeisten Bild, ist der Tod in Film, Funk, Fernsehen, Zeitungen und Internet doch umso gegenwärtiger. Allerdings ist die Präsenz eher der Faszination des Schreckens geschuldet. Die Darstellungen rangieren in erster Linie zwischen dem gewaltsamen Sterben durch Mord, Naturkatastrophen, Kriege und natürlich dem Tod von Prominenten. Hingegen findet die persönliche Auseinandersetzung mit dem »tristen Durchschnittstod« sowie das Ausleben der Trauer zurückgezogen im Familienkreis statt. In diesem Zusammenhang schrieb 1955 der britische Anthropologe Geoffrey Gorer, dass der Tod – ähnlich wie die Sexualität – schambesetzt sei und daher pornographische Züge aufweise (vgl. Knoblauch, 2005, S. 12).

In den letzten Jahrzehnten lässt sich eine beginnende Enttabuisierung des Todes feststellen. Die vermehrt aufkommende Kritik am einsamen Sterben brachte in den 1960er Jahren die Hospizbewegung hervor. Auch die wachsende Zahl an Palliativstationen zeugt von der Suche nach mehr Menschlichkeit anstelle von Technikversiertheit im Sterbeprozess. Debatten um die Sterbehilfe und die Patientenverfügung belegen, dass der Tod nach wie vor ein brisantes Thema ist. Hier treffen erneut unterschiedliche Weltanschauungen und Interessen aufeinander. Womöglich liegt hinter den Bestrebungen, vermeintlich mehr Kontrolle über den Tod zu gewinnen, auch eine Form der Bewältigungsstrategie unserer Zeit. Wie gut diese Bewältigung aber tatsächlich gelingt, hängt vordergründig von der Akzeptanz des gelebten Lebens ab sowie den im Leben gewonnenen Verarbeitungsfähigkeiten jedes einzelnen Menschen (vgl. Moser, 2000).

In Deutschland sterben jährlich etwa 800.000 Menschen. Die folgenden Dialoge sollen einen Einblick in die Arbeitswelt von Menschen geben, die täglich den Einzelschicksalen begegnen, die sich hinter dieser Zahl verbergen. Wie sieht ihr Arbeitsalltag wirklich aus? Welche Ereignisse bewegen sie trotz zwangsläufiger Routine? Die Gespräche zeigen, wie sie es nicht nur schaffen, die tägliche Herausforderung an der Schwelle des Todes zu meistern, sondern dabei auch Freude erfahren zu können. Mit diesem Herangehen an das Thema verbindet sich die Hoffnung, generelle Berührungsängste zu schmälern und dazu anzuregen, der Auseinandersetzung mit dem Tod einen Platz im Leben einzuräumen. Allgemeingültige Antworten auf die letzten Fragen des Lebens finden sich in diesem Buch nicht, vielmehr bietet es gegenläufigen Ansichten Raum, nebeneinander zu stehen. Auch erhebt es nicht den Anspruch, eine Anleitung zur Trauerbewältigung zu sein. Den Schmerz über den Verlust eines nahestehenden Menschen erlebt und verarbeitet jeder individuell. Zumindest sollten wir uns aber die Endlichkeit geliebter Menschen nicht erst neben dem Sterbebett vor Augen führen. Diese Sichtweise wäre im zwischenmenschlichen Umgang im Sinne einer gegenseitigen Wertschätzung schon ein enormer Gewinn. Gerade in Einrichtungen, in denen der Tod Kollege ist, werden existenzielle Fragen aufgeworfen, die sich viele in ihrem alltäglichen Leben vergessen zu stellen. Wer sich die Zeit für eine gedankliche Reise an die Grenze der einzigen Gewissheit des Lebens nimmt, wird danach womöglich neu überdenken, welche Ziele er hat und was er bereit ist, dafür zu geben, welchen Schwierigkeiten er sich wirklich gegenübersieht. Natürlich relativiert die Todesgewissheit nicht alle Probleme des Lebens. Differenzen und Ungewissheiten bleiben treue Begleiter unseres Daseins. Aber wir haben die Chance, sie unter der Prämisse der Vergänglichkeit auch auf eine andere Weise betrachten zu können, indem wir die schönen Momente unserer befristeten Zeit als solche wahrnehmen und auskosten und uns den Unannehmlichkeiten stellen und versuchen, sie zu überwinden.

»Wer den Tod ablehnt, lehnt das Leben ab.
Denn das Leben ist uns nur mit der Auflage des Todes geschenkt;
es ist sozusagen der Weg dorthin.«

(Lucius Annaeus Seneca, zit. nach Stolle, 2001, S. 11)

Bestattungswesen

In eine Beerdigung waren einst viele verschiedene Berufsgruppen wie Totengräber, Schreiner, Sargträger, Leichenbitter oder Fuhrleute involviert. Anfang des 19. Jahrhunderts entwickelte sich aus den unterschiedlichen Tätigkeitsfeldern der Bestatter als Vollerwerbsberuf (vgl. Rehning, 2006). Die Wahrnehmung des Berufszweiges war seit Anbeginn ambivalent. Einerseits war die Bevölkerung auf die Dienstleistung des Bestatters angewiesen, gleichzeitig empfanden jedoch viele »den Verdienst mit dem Tod« als pietätlos. Bereits im Mittelalter wurde der Totengräber als zwielichtige Figur am Rande der Gesellschaft wahrgenommen. Die Arbeit verrichteten primär Menschen der unteren Bevölkerungsschicht. Ihnen wurde, dem Henker gleich, weder eine kirchliche Bestattung zugebilligt noch hatten sie, dem Glauben zufolge, Zutritt ins himmlische Reich. Der Grund dafür lag unter anderem an ihrem Kontakt mit Menschen, die an Seuchen verstorben waren.

Die Einführung der allgemeinen Gewerbefreiheit 1871 eröffnete dem Berufszweig des Bestatters neue Chancen. Die drei Bereiche der Branche – Totenfürsorge, Verkauf von Sachgütern und organisatorische Abwicklung – ließen sich unter der Profession vereinen und relativ schnell erlernen. Seit 2003 gibt es den Ausbildungsberuf zur »Bestattungsfachkraft«. Den schulischen Teil der dreijährigen Lehre verbringen die bundesweit knapp 300 Lehrlinge in Bad Kissingen. Zusätzlich gibt es im unterfränkischen Münnerstadt das europaweit einzige Ausbildungszentrum mit einem Lehrfriedhof, zwei Hygieneräumen zur Schulung der Thanatopraktiker, Werkstätten und anderen Einrichtungen.

Bestattungsvertreter der einzelnen Bundesländer sind in den Landesinnungen organisiert. In Sachsen-Anhalt beispielsweise setzt sich die Innung aus 77 Mitgliedsbetrieben zusammen. Die Innungen sind wiederum an den Bundesverband angeschlossen. Der in Düsseldorf ansässige Bundesverband Deutscher Bestatter e. V. kontrolliert Bestattungsunternehmen regelmäßig hinsichtlich diverser Qualitätskriterien und verleiht ihnen bei Erfüllung dieser sein Markenzeichen. In Deutschland sind etwa 85 % der Bestattungsunternehmen, insgesamt 3500, über regionale Verbände dem Bundesverband angegliedert.

Der Bestatter des 21. Jahrhunderts ist ein Dienstleister, der die gesamten Aufgaben rund um die Beisetzung – von der Todesanzeige, bis hin zur Beantragung der Witwenrente – koordiniert. In letzter Zeit vollzieht sich auf dem Bestattungsmarkt ein rasanter Wandel. Aufgrund der Streichung des Sterbegeldes aus den Leistungen der gesetzlichen Krankenkassen im Jahre 2004 gewinnen Discount-Bestattungen zunehmend an Bedeutung und sorgen für Diskussionen in der Branche.

»Antea« Bestattungen Gerhardt GmbH & Co. KG
Zeitz

Uwe Gerhardt arbeitete zunächst in Finsterwalde als
Schmied. Mit 27 Jahren bewarb er sich in seiner
Heimatstadt Zeitz bei einem Bestatter. Anfang der 1990er
Jahre gründete Uwe Gerhardt sein eigenes Bestattungs-
unternehmen und ist nun seit 18 Jahren in der
Branche tätig. Sein Betrieb ist Mitglied bei der Innung.

Sie rekonstruierten das Gesicht und hatten das Mädchen wunderbar geschminkt, so dass die Eltern Abschied nehmen konnten.

Wie sind Sie auf Ihren Berufswunsch gekommen?

In Finsterwalde gab es zu DDR-Zeiten in meiner Nachbarschaft ein privates Bestattungsunternehmen. Die hatten zwei große Schaufenster, in denen immer Särge und Urnen standen. Mich hat das interessiert, obwohl ich auch nicht wusste, was genau auf mich zukommen würde. Zuvor habe ich noch nie etwas in die Richtung gemacht, hatte aber auch keine Berührungsängste.

Beschreiben Sie bitte einen normalen Arbeitsalltag.

Der normale Arbeitsalltag beginnt bei uns 7.30 Uhr. Viele der Termine auf den Friedhöfen, Urnenbeisetzung etc., stehen bereits fest, aber daneben müssen Hausbesuche, Abmeldungen bei Standesämtern und Überführungen aus den Krankenhäusern erledigt werden. Das dauert bis 16 Uhr oder länger, je nachdem, wann die letzte Feier ist. Im Anschluss haben zwei Mitarbeiter Bereitschaftsdienst, um den 24-Stunden-Dienst abzusichern. Wenn die beiden den Kalender bereits voll haben, müssen auch diejenigen arbeiten, die eigentlich keinen Bereitschaftsdienst hätten.

Bestatter wurden früher aufgrund ihres Berufs sozial häufig ausgegrenzt. Das Verhältnis zu dem Berufszweig war ambivalent. Wie empfinden Sie heute die Außenwahrnehmung Ihres Berufs?

Meines Erachtens nach hat es diesbezüglich in den letzten zwanig Jahren einen grundlegenden Wandel gegeben. Heutzutage sind Menschen auch eher bereit, eine Tätigkeit in der Bestattung aufzunehmen, weil sie gemerkt haben, dass es eben nicht ein Berufszweig ist, der mit irgendwelchen dunklen Dingen zu tun hat. Daher würde ich nicht behaupten, dass der Beruf noch negativ belegt ist, im Gegenteil: Es gibt bereits viel positive Presse neben den Dingen, die mal wirklich schief laufen, zum Beispiel dass jemand eine verkehrte Leiche aus dem Krankenhaus holt.

Das sind alles Menschen, die dort arbeiten, und so etwas kann mal passieren. Solange man das geradebiegen kann, ist das okay. Die Angehörigen sind sogar dankbar, da der Bestatter heutzutage ein Dienstleister von A bis Z ist. Also wenn Sie in ein Unternehmen gehen, um einen Trauerfall anzuzeigen, meldet der Bestatter sogar die GEZ ab oder hilft bei der Beantragung der Witwenrente. Es gibt nichts mehr, was der Hinterbliebene allein stemmen muss.

Haben Sie persönlich Erfahrungen mit der Presse gesammelt?

Vor zehn Jahren gab es mal die Geschichte mit den Eisbabys. Das war gar nicht so weit weg, im Vogtland. Da war eine Frau, die ihre drei Babys im Abstand von drei Jahren erstickt und in den Tiefkühlschrank gelegt hat. Zwei ihrer Kinder sind groß geworden. Irgendwann gab es einen anonymen Hinweis, woraufhin die Polizei dort anrückte und die toten Babys fand. Bei der Obduktion in Chemnitz kam heraus, dass ihnen die Nabelschnur um den Hals gewickelt wurde. Hat angeblich keiner mitgekriegt. Jedenfalls lagen die wochenlang in der Pathologie, dann stand wieder ein Artikel in der Zeitung. Also rief ich Bestatterkollegen in Chemnitz und Dresden an und habe ihnen vorgeschlagen, bei meiner nächsten Fahrt in die Richtung drei Kindersärge mitzubringen, damit die Kinder anständig beigesetzt werden. Dadurch habe ich eine Lawine losgetreten …

Letzten Endes ist alles an mir hängen geblieben, um die Babys hat sich keiner gekümmert. Wir haben also die Babys geholt, das ging natürlich sofort durch die Presse und das Fernsehen stand vor der Tür.

Wir schlossen einen Exklusivvertrag mit dem Fernsehen ab, dass wir nichts dafür haben wollen, aber die darüber liegenden Gelder, die eingespielt werden, den beiden überlebenden Kindern zugute kommen, wenn sie über 18 sind. Immer wenn ein Bericht darüber im Fernsehen lief, floss also Geld auf das Sperrkonto der beiden Kinder. Da ist eine Menge zusammengekommen, gleichzeitig bezahlte der Sender zehn Jahre die Grabpflege.

Wo liegen die Babys jetzt?

Die liegen bei uns auf dem Auefriedhof, aber nur aus folgendem Grund: Wir sind nach Plauen gefahren und sprachen mit dem Oberbürgermeister. Die Gräber waren bereits ausgesucht und der Sender brauchte natürlich eine Drehgenehmigung. Der Bürgermeister erteilte die Erlaubnis mit der Begründung, es liege nicht im öffentlichen Interesse, nicht. Dann standen wir natürlich da, es war alles fertig, die Babys waren eingebettet, aber hatten keinen Friedhof. Unser Auefriedhof gehört zur Kirchengemeinde, also habe ich mich unterwegs mit dem Pfarrer in Verbindung gesetzt, der mir zusagte und sogar die Grabrede hielt.

Wer war bei der Bestattung anwesend?

Nur die Kirchengemeinde. Die Mutter saß im Gefängnis. Sie wäre zwar für den Anlass rausgekommen, hatte aber daran kein Interesse. Der Mann hatte sich inzwischen von ihr getrennt und war zu seiner Schwester nahe der polnischen Grenze abgehauen. Die Großeltern sind irgendwann weggezogen, haben das Grundstück aber nie verkauft. Das nährt natürlich das Gerücht, dass dort ein weiteres Baby verscharrt liegt.

19

Unsere heutige Friedhofskultur in Form von schönen Gedenkstätten hat sich im ausge-henden 19. Jahrhundert herausgebildet und die vorherigen Memento-mori-Darstel-lungen (Totenköpfe etc.) von den Friedhöfen verbannt. Menschen waren es einerseits nicht mehr gewohnt, unmittelbaren Kontakt zu Toten zu haben, wollten aber auch nicht mehr mit ihm konfrontiert werden. Bezüglich des Sterbeortes hat sich eine Verschiebung von dem vertrauten Umfeld im Kreis der Angehörigen in die Krankenhäuser vollzogen. Dieser Umstand wurde in der Vergangenheit bereits als »einsames Sterben« kritisiert. Finden Sie, dass der Tod in unserer Gesellschaft ausgeklammert wird, oder erkennen Sie andere Strömungen in der Gegenwart?

Ausgeklammert ist vielleicht zu hoch gegriffen. Durch die Entwicklung in unse-rem Land ist es oftmals gar nicht mehr machbar, dass die Kinder die Eltern oder Großeltern pflegen, da sie arbeiten. Es gibt die ambulanten Pflegedienste, was na-türlich nicht dasselbe ist wie eine Pflege von Angehörigen, dazu fehlt jedoch ein-fach die Zeit. Mittlerweile sind die Pflegeheime so modern, dass ich kein Problem hätte, in eins zu gehen. Vor zwanzig Jahren sah das noch anders aus, aber heute wird den älteren Menschen dort viel geboten. Es wird auch nicht hauptsächlich in Krankenhäusern gestorben, die Wahrnehmung stimmt so nicht ganz.

Wesentlich mehr Leute sterben wieder zuhause und eben in den speziellen Einrich-tungen. Daneben besteht auch das betreute Wohnen, wo sogar Ehepaare in einer Wohngemeinschaft leben und medizinische bis hin zur alltäglichen Versorgung ge-nießen. Das war vor vielen Jahren deutlich schlimmer, mal gar nicht von den Zu-ständen in den Krankenhäusern zu DDR-Zeiten zu sprechen.

Welche Erfahrungen haben Sie zu DDR-Zeiten gesammelt?

Der Alltag des Bestatters zu DDR-Zeiten sah so aus, dass wir morgens erst einmal in die Krankenhäuser gefahren sind, weil die Kühlungen voll waren. Der zweite Schritt waren die Pflegeheime, um dort die Verstorbenen abzuholen. Und erst an dritter Stelle konnten wir die Anrufe der Angehörigen wahrnehmen.

Manchmal mussten sie stundenlang warten, gelegentlich über den Tag hinaus, bis der Verstorbene zuhause abgeholt werden konnte. So waren die Prioritäten, aber damals sind auch 70 % der Menschen im Krankenhaus gestorben. Das kann man sich heute nicht mehr erlauben. Vom Anruf bis zur Abholung verstreicht ma-ximal eine Stunde, je nachdem, wo die Person liegt. Die Menschen haben ein An-spruchsdenken entwickelt.

Es wundert mich, dass die Angehörigen den Verstorbenen so schnell »loswerden« wollen, bedenkt man, dass es mal Totenwachen gab, die auch der Abschiednahme dienten.

Es geht gar nicht ums Loswerden, sondern die Angehörigen gehen dann schon ei-nen Schritt weiter: Sie beschäftigen sich mit den Dingen, die im Anschluss kom-men. Der Bestatter kommt zum Hausbesuch, damit die Hinterbliebenen sich in ihrer vertrauten Umgebung wohler fühlen. Dort werden die ganzen Formalitäten abgewickelt. Außerdem bieten viele Bestatter eine Aufbahrung an, in den eigenen Räumen oder der Friedhofskapelle.

Laut einer Studie des Anthropologen Geoffrey Gorer lässt sich die Trauer um den Tod eines nahestehenden Menschen in drei Phasen unterteilen: In der ersten Phase wird die Nachricht zurückgewiesen, anschließend lenken die Formalitäten der Bestattung ab. Familien- und Freundeskreis nehmen Anteil am Abschied und fangen den Betroffenen in dieser Phase auf. Darauf folgt jedoch häufig Isolation und Depression, da die Hilfe nach der Beerdigung oft verebbt. Daraufhin versuchen die Hinterbliebenen, sich möglichst schnell wieder ins »normale« Leben einzugliedern. Wie stark sind Sie als Bestatter in die seelische Betreuung der Angehörigen involviert? Wo endet Ihr »Zuständigkeitsbereich«?

Im Normalfall ist unsere Arbeit nach der Beisetzung beendet. Wir haben vor Jahren versucht, einen Trauerkreis ins Leben zu rufen, um den Angehörigen eine Nachsorge zu garantieren. Aber das ist von Gebiet zu Gebiet unterschiedlich, bei uns funktioniert das überhaupt nicht. Bei einem Bestatterkollegen in Halle wiederum findet wöchentlich ein Trauerkreis statt. Mittlerweile entwickeln sich daraus auch Freundschaften und das hat sich zu einer Institution etabliert.

Wir haben Angehörige zum Totensonntag auf den Friedhof eingeladen, um dort eine Gedenkfeier für die Verstorbenen des letzten Jahres abzuhalten. Zu diesem Anlass verschickten wir mehrere hundert Einladungskarten und es waren nicht mal zehn Leute anwesend. Hier neigt man dazu, sich abzuschotten.

Aus meiner eigenen Erfahrung kann ich Ihnen sagen: Als mein Vater vor vier Jahren gestorben ist, ging alles ziemlich schnell. Dienstag verstorben, Samstag beerdigt. Die vier Jahre kann ich gar nicht nachvollziehen. Der Arbeitsalltag ist weitergegangen. Vielleicht ist es auch normaler, weil ich Bestatter bin. Da gab es keine Nachsorge, Aufarbeitung oder sonst irgendwas, weil jeder Tag wieder neue Aufgaben stellte.

In Mexiko wird jährlich der Día de Muertos, ein regelrechtes Volksfest, gefeiert. Ich finde es interessant, dass es so schwer zu sein scheint, Menschen für Derartiges in unserer Kultur zu motivieren.

Es liegt oftmals nicht einmal an der Motivation, sondern an der Reglementierung der Behörden: Was darf ich, was darf ich nicht. Ein Bestatter darf zum Beispiel auch nicht auf dem Friedhof werben.

Stimmt, bei Krankenhäusern ist es auch untersagt ...

Gut, das kann ich nachvollziehen. Diese Einrichtungen sind nicht da, um den Menschen den Tod näherzubringen, sondern dort geht man hin, weil man geheilt werden möchte. Aber Friedhof und Bestattung gehört ursächlich zusammen.

Bestehen Bereiche, wo Sie werben könnten?

Ich könnte auch mit einer großen Tafel werben, das wäre kein Problem. Nur muss ich mir darüber Gedanken machen, was die eigene Firmenphilosophie ist und wo die Grenzen des guten Geschmacks liegen. Zum Beispiel eine Postwurfsendung: Wer möchte denn von einem Bestatter Post im Briefkasten haben? Im schlimmsten Fall liegt jemand zuhause im Sterben und kriegt Post vom Bestatter. Aber glauben Sie mir, da passieren Sachen im Land ... Da ich bei der Innung arbeite, erfahre ich solche Dinge immer aus erster Hand.

Im Oktober gibt es immer deutschlandweit den Tag des Friedhofs. Wir haben vorheriges Jahr auf dem Johannesfriedhof, das ist ein alter stillgelegter Friedhof mit sehr schönen historischen Grabmälern, eine Veranstaltung organisiert. Wenn Sie nun aber jemanden einladen zum Tag des Friedhofs, locken Sie niemanden hinter dem Ofen vor. Deswegen konzipierten wir eine Nacht des Friedhofs. Wir luden Streicher ein und nutzten vom Reitverein eine alte Bestattungskutsche mit zwei schwarzen Halbblütern. Auf der Kutsche stand ein großer Eichensarg mit Blumen geschmückt und bei unserem Volvo nahmen wir die Gardinen heraus und leuchteten einen Sarg aus. Dazu hielt der Stadtchronist einen Vortrag über die alten Friedhöfe und Begräbniskulturen. Jedenfalls nutzten wir die alte Kapelle, haben den Friedhof komplett ausgeleuchtet, verschiedene Gräber auch punktuell, und stellten hunderte Fackeln auf. Natürlich hatten wir Pech und es goss die ganze Zeit, trotzdem war die Kapelle voll und die Leute haben sogar halb zwölf noch den Rundgang über den Friedhof mitgemacht. Ich bin überzeugt, zum Tag des Friedhofs wäre sonst keiner gekommen.

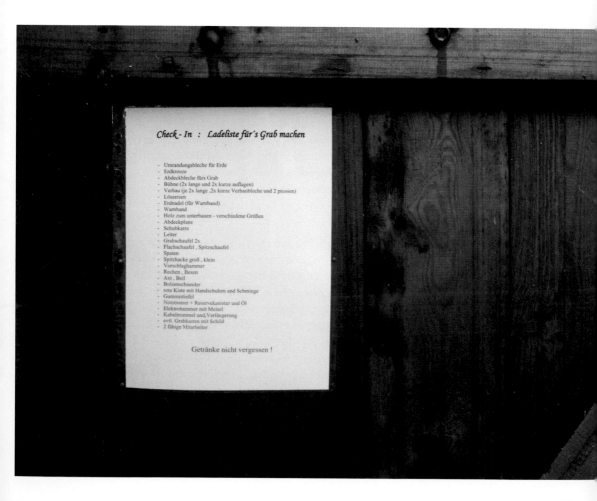

Check - In : Ladeliste für's Grab machen

- Umrandungsbleche für Erde
- Erdkreuze
- Abdeckbleche fürs Grab
- Bühne (2x lange und 2x kurze auflagen)
- Verbau (je 2x lange ,2x kurze Verbaubloche und 2 pressen)
- Löseeisen
- Erdnadel (für Warnband)
- Warnband
- Holz zum unterbauen - verschiedene Größen
- Abdeckplane
- Schubkarre
- Leiter
- Grabschaufel 2x
- Flachschaufel , Spitzschaufel
- Spaten
- Spitzhacke groß , klein
- Vorschlaghammer
- Rechen , Besen
- Axt , Beil
- Bolzenschneider
- rote Kiste mit Handschuhen und Schmiege
- Gummistiefel
- Notstromer + Reservekanister und Öl
- Elektrohammer mit Meisel
- Kabeltrommel und Verlängerung
- evtl. Grabkasten mit Schild
- 2 fähige Mitarbeiter

Getränke nicht vergessen !

Können Sie ein prägendes Berufserlebnis ausmachen, welches Sie besonders berührt hat?

Besonders dramatisch sind natürlich Kinder und Jugendliche. Am Wochenende gibt es häufig Unfälle, wenn Rennen gefahren werden. Das sind Ereignisse, die natürlich für keinen schön sind. Aber Sie dürfen derartige Eindrücke als Bestatter auch nicht an sich lassen. Ich habe mir schon eine Hülle aufgebaut. Das geht auch nicht anders, Sie haben hier Kleinkinder bis Jugendliche liegen und bereiten die Abschiednahme vor. Die Mitarbeiter müssen die Verstorbenen herrichten und da bringt es nichts, wenn sie das Taschentuch in der Hand halten. Das ist auch nicht möglich, weil sie so den Angehörigen nicht helfen. Sie sollen eine Hilfe sein und nicht mit den Hinterbliebenen mittrauern.

Für mich das vielleicht prägendste Erlebnis war die Abschiednahme eines verstorbenen Kindes vor etwa drei Jahren. Zu jener Zeit war ich bereits seit vielen Jahren Bestatter. Es war vier oder fünf Jahre alt. Die Mutter kam damit überhaupt nicht klar, wobei der Junge einen langen Leidensweg hinter sich hatte.

Sie ist reingegangen in die Abschiednahme,
wie selbstverständlich zum Sarg
gegangen und hat das Kind herausgenommen.

Die Woche kam sie zwei oder drei Mal zu uns, hat sich eine Decke mitgebracht und den Jungen auf ihren Schoß gelegt, mit ihm gesprochen, ihm Lieder vorgesungen. Das war ihre Art, den Verlust zu verarbeiten. Bei so etwas stockt selbst einem Bestatter erst einmal der Atem.

Haben Sie die Professionalität, mit derartigen Ereignissen umzugehen, im Laufe Ihres Berufs entwickelt?

Nun ja, die meisten – oder fast alle, die hier angefangen haben – bringen diese Fähigkeit mit. Das ist eine Grundeinstellung, die sich vielleicht durch den Beruf noch verstärkt. Wir hatten auch Leute, die angefangen haben und nach zwei Tagen abbrechen mussten, da sie es eben nicht konnten. Aber diejenigen, die sich dafür entschieden haben, ziehen das durch.

Halten Sie den Friedhofszwang hierzulande für die heutigen Bedürfnisse für angebracht?

Ich befürworte eine liberalere Auslegung der momentanen Bestattungsgesetze. Damit mache ich mir nicht unbedingt überall Freunde. Ich bin nicht für Friedhofszwang bei Urnen, sondern glaube, dass es möglich sein sollte, den Angehörigen die Urne zu übergeben. Wenn sie die Urne im Garten beisetzen wollen und es ist absehbar, dass sie die nächsten zwanzig Jahre dort wohnen bleiben, habe ich kein Problem damit.

Was meinen Sie, was mit einer Urne nach 15 oder 20 Jahren auf dem Friedhof passiert? Die wird ausgebuddelt, die Asche ausgekippt und das war's dann.
Mehr passiert doch nicht. Beim unverbrannten Leichnam hingegen halte ich den Friedhofszwang für gerechtfertigt.
Aber wenn der Verstorbene verbrannt ist, dann bleibt Asche übrig und die kann ich, meines Erachtens nach, nicht mehr als Verstorbenen betrachten. Es wird heutzutage Asche in die Nordsee, in die Ostsee und sonst wohin gestreut, warum soll ich das dann nicht in den heimischen Gefilden zulassen? Es besteht jedoch eine Friedhofslobby, eine Steinmetzlobby, eine Gärtnerlobby und das sind die Probleme, weswegen es nicht zusammenpasst.

Wir hatten ein sehr liberales Bestattungsgesetz auf den Weg gebracht in Sachsen-Anhalt, was dann leider an unserem Ministerpräsidenten gescheitert ist. Da sitzen noch zu viele Betonköpfe in den jeweiligen Ministerien.

Wie ist das Verhältnis der Bestatter untereinander?

Bestatter sind schon ein recht komisches Völkchen. Untereinander geht gar nichts, wenn sie in der gleichen Region tätig sind. Jeder meidet den anderen, das ist furchtbar. Die meiste Zeit habe ich mit Streitigkeiten in Magdeburg zu tun, wenn aus Sachsen-Anhalt die ganzen Innungsmitglieder zusammenkommen.

Was halten Sie von dem Schweizer Konzept der Friedwälder? Inwiefern kann sich Ihr Berufszweig mit diesen neuen Bestattungswünschen arrangieren?

In den alten Bundesländern gibt es bereits mehrere Friedwälder, in den neuen noch nicht. Ich finde die Idee der Friedwälder interessant, wobei mir ein bisschen das Preisgefüge aufstößt, da es sehr kostspielig ist. In der Schweiz gibt es einen Herrn, ich weiß gar nicht, ob er Bestatter ist, der sich aus Deutschland Urnen schicken lässt. Er holt die etwa alle 14 Tage von der Poststelle ab und vergräbt oder verstreut sie für viel Geld auf die von ihm gepachteten Almwiesen. Das kostet die Menschen 800 bis 900 Euro! Davon kann ich hier unter Umständen vier Beisetzungen machen. Und da hört es meines Erachtens nach auf mit Bestattungskultur. Diese Almwiesengeschichte lehne ich ab, weil der Mensch auch irgendwo noch einen Ort der Trauer braucht. Das ist hier nicht mehr gewährleistet. Vielmehr halte ich das für eine moderne Entsorgung: »Dann ist er weg, dann muss ich mich um nichts kümmern, habe keine Grabpflege, brauche keinen Grabstein, ich spare mir alles ein.«

Wie deuten Sie die zunehmende Zahl anonymer Bestattungen? Zeichnen sich Ihrer Ansicht nach darin gesellschaftliche Tendenzen wie etwa veränderte Familienstrukturen ab?

Das ist sicherlich einer der Hauptgründe, aber die unterschiedlichen Gebühren in den einzelnen Kommunen tragen ebenfalls dazu bei. In den größeren Städten

sind die Gebühren für Gräber enorm hoch. In Sachsen-Anhalt besteht eine riesengroße Schere. Ich würde nicht sagen, dass anonyme Bestattungen zugenommen haben. Nun stellt sich die Frage, wie man »anonym« genau definiert? Anonyme Bestattung heißt ja eigentlich unter die grüne Wiese, ohne Kennzeichnung, ohne alles, so dass sich die Gräber nicht mehr lokalisieren lassen. Wir haben in vielen Orten Gemeinschaftsgräber mit allgemeingültigen Inschriften und dort werden Urnen zu Hunderten und Tausenden beigesetzt. Zählt man diese zu anonymen Bestattungen hinzu, sind es tatsächlich wesentlich mehr geworden.

Haben Sie viele weltliche Bestattungen in Ihrer Region?

Hauptsächlich. Kirche ist in unserer Gegend nicht besonders angesagt. 95 % sind bei uns Feuerbestattungen. Aber in Thüringen und im Norden gibt es beispielsweise mehr Erdbestattungen.

Aus der Asche der Verstorbenen lassen sich auch Diamanten machen …

Ja, kostet richtig viel Geld. Wir haben meiner Meinung nach eine bessere Lösung in Form von kleinen Bronze-Urnen in verschiedenen Ausführungen gefunden. Im Krematorium wird etwas Asche des Verstorbenen weggenommen und in diese ganz kleine Urne gefüllt, die die Leute mit nach Hause nehmen können.

Welche Erfahrungen haben Sie bei der Präparation von Leichen gesammelt?

Wir begannen Anfang der neunziger Jahre, unsere Leute auszubilden. Die Notwendigkeit ergab sich daraus, dass in unserer Region ein älteres Ehepaar bei einem Autounfall tödlich verunglückte. Die Kinder wollten Abschied nehmen. Wir haben das auch mehr oder weniger hinbekommen, aber das Ergebnis war nicht befriedigend. Deswegen erkundigte ich mich bei meinen Bestatterkollegen und die kannten Charlie Ziebolz, den Oberpräparator an der Universität in Düsseldorf. Er und die Kosmetikerin Heide Buchwald hatten in den achtziger Jahren einen Notdienst für Bestatter aufgebaut. Wenn ein Bestatter sagte: »Ich komm hier nicht weiter!«, dann sind sie innerhalb von 24 Stunden angerückt, haben den Verstorbenen fertig gemacht, nur die Unkosten genommen und sind wieder gefahren.

Aufmerksam wurde ich auf Charlie Ziebolz, als er ein junges Mädchen präpariert hat, deren halbes Gesicht fehlte. Ihr Freund hatte ihr ins Gesicht geschossen. Die Fotos habe ich gesehen und das war so klasse gemacht. Sie rekonstruierten das Gesicht und hatten das Mädchen wunderbar geschminkt, so dass die Eltern Abschied nehmen konnten. Also beschlossen wir, auch solche Seminare zu machen. Die beiden kamen zu uns und wir übten zwei, drei Tage Kosmetik am Verstorbenen. Mit allem, was dazu gehört. Zuvor wendeten wir die falsche Schminktechnik an und benutzten verkehrtes Material.

Ein Verstorbener hat kalte, feuchte Haut, da reagiert die gängige Schminke, die Damen heutzutage benutzen, nicht. Das deckt nicht ab.

Das wussten wir nicht und dementsprechend sah das damals aus. Heide Buchwald zeigte uns, wie man beispielsweise Leichenflecken gut abdeckt. Durch die Schulung hat sich die Qualität merklich gebessert.

Werden die Augen des Verstorbenen wirklich zugeklebt?

Oftmals braucht man das nicht. Kleben heißt auch nur, dass ein kleiner Tropfen Leim auf das Auge kommt, damit das Augenlid besser unten hält und nicht hochgeht. Das Zunähen ist eine Schleife, die durch den Nasen-Rachen-Raum sowie den Gaumen gelegt und im Anschluss durch die untere Lippenspalte hochgezogen wird. Das nennt sich Ligatur. Danach werden die Lippen wieder geordnet, die müssen auch nicht immer geklebt werden. So hält das vernünftig zu.

Stellen Sie sich vor – das ist das Schlimmste
was passieren kann –, Sie sind bei der
Abschiednahme und dem Verstorbenen klappt
plötzlich der Unterkiefer runter.

So was darf nicht passieren. Deswegen haben wir jahrelang diese Seminare in unserem Haus gemacht – auch um der Konkurrenz voraus zu sein, muss man hinzufügen.

Haben Leichen einen Eigengeruch?

Nein, die meisten riechen nicht. Der Geruch in den Räumen kommt eher von den Präparaten. Bei Krebspatienten hat der Fäulnisprozess allerdings bereits im Körper begonnen und ist sehr schnell fortschreitend. Menschen, die Krebs im Endstadium hatten, riechen nach ihrem Ableben wirklich stark.

Und wie ist das mit der Inkontinenz?

Mit dem Lösen der Leichenstarre wird die Muskulatur nicht mehr zusammengehalten. Wenn die Person angehoben, bewegt oder umgebettet wird, kann es natürlich passieren, dass solche Dinge zum Vorschein kommen. Aber für solche Fälle gibt es Zellstofftücher und Desinfektionsmittel. Es liegt auch im Interesse des Bestatters, sich selber zu schützen. Das heißt, die Leiche wird desinfiziert, die Körperöffnungen werden gereinigt und soweit wie möglich geschlossen. Die genauere Prozedur möchte ich Ihnen lieber nicht im Detail beschreiben, aber Sie können gern unsere Auszubildende befragen. In der Ausbildung wird die Arbeit am Leichnam erst im dritten Jahr gelehrt. Wir haben die Präparation jedoch probeweise vorgezogen, um sicherstellen zu können, ob sie überhaupt für den Beruf geeignet ist.

Mittlerweile ist die Zahl der Auszubildenden in der Branche bundesweit angestiegen.

Deutschlandweit ist es jedoch immer noch viel zu wenig. In Sachsen-Anhalt gibt es lediglich drei Ausbildungsbetriebe, da viele Kollegen nicht bereit sind, auszubilden. Vielfach herrscht leider noch die Meinung: »Ich bilde mir nicht meine eigene Konkurrenz aus.« Das ist insofern schade, weil wir durch den Geburtenknick Probleme bekommen werden, vernünftigen Nachwuchs zu haben, aber leider ist es in die Köpfe noch nicht reinzubringen. Wir bilden aus und hoffen, dass wir das jedes Jahr aufstocken können. Einige unserer Kollegen gehen die nächsten Jahre in den Ruhestand, deswegen möchte ich unseren eigenen Nachwuchs heranziehen.

Was für eine Bestattung wünschen Sie sich für sich?

Erdbestattung. Ich habe eine Familiengruft auf dem Auefriedhof, einem kleinen Dorffriedhof. Das war damals notgedrungen. Mich traf das auch. Ich fuhr früh nach Berlin, mein Vater guckte noch aus dem Fenster und wir waren abends zum Skat verabredet. Als ich nachmittags nach Hause kam, war er tot. Da musste ich auch schnell reagieren. Was machst du nun? Es war klar, dass er beerdigt wird, aber weiter nichts.

Wickeln Sie die Beisetzung von Familienangehörigen selber ab?

Ja, das habe ich selber gemacht. Ich muss die Verstorbenen nicht mehr selber fertig machen, aber natürlich macht es mein Unternehmen. Wir hatten auch meinen Vater hinten aufgebahrt, weil noch einige Freunde gekommen sind.

Schmälert Ihr Beruf die Angst vor dem Tod?

Ich habe natürlich gewisse Wünsche und Erwartungen. Ob ich mich nun in meinem Alter großartig damit beschäftige ... Eigentlich nicht. Ich weiß, wie mein Vater gestorben ist, und genauso würde ich mir das selber wünschen. Er hatte einen Hinterwandinfarkt und das war eine Frage von Sekundenbruchteilen. Ich hätte keine Ängste davor, überhaupt nicht. Nur allzu zeitig muss es nicht sein, also es kann ruhig jenseits der 90 passieren.

Haben Sie eine Vorstellung vom Jenseits? Und wie sähe die gegebenenfalls aus?

Der Tod passiert, wann er passieren soll. Wir sehen das ja täglich. Die, die sich nie damit befasst haben und ins Krankenhaus kommen, werden oft plötzlich religiös, weil sie hoffen, dass noch etwas kommt.

Sterben ist wie Einschlafen und
nicht wissen, was man geträumt hat.
Mehr kommt nicht.
Es ist und bleibt ewig dunkel.

Wissen kann man's nicht ...

Verlassen Sie sich drauf, da passiert nichts. Ende. Bislang ist noch keiner zurückge-
kommen, um etwas anderes zu erzählen. Dieser ganze Humbug mit Wiedergeburt
oder Menschen, die unter Hypnose erzählen, wer sie früher gewesen sind ...

Gibt es einen Tod, den Sie besonders tragisch fanden?

Ja, und den finde ich deswegen tragisch, weil ich jetzt zum dritten Mal Opa werde.
In Salsitz fuhr ein Hopfenbauer mit seinem Traktor durch die Hopfenanlage, er leg-
te den Rückwärtsgang ein und hat aus Versehen seinen spielenden Enkel über-
rollt. Mit so etwas wird man ewig nicht fertig. Ansonsten lässt man die Dinge nicht
an sich ran. Die Unfälle, die am Wochenende durch Leichtsinn, Raserei, Drogen-
und Alkoholkonsum passieren, müssten eigentlich nicht sein, sondern passieren
aus Überheblichkeit oder weil Jugendliche der Meinung sind, sie müssten jemandem etwas beweisen.

Gibt es einen Menschen, den Sie gern wieder zum Leben erwecken würden?

Ich habe in meinem Garten meinen ersten Rottweiler liegen, den ich unwahrschein-
lich gern hatte. Der ist plötzlich nachts an Magendrehung gestorben. Aber auch
bei ihm würde ich das nicht machen, weil das gegen jede Natur sprechen würde.
Der Weg sollte so sein und damit ist es gut. Ich finde auch, dass diejenigen, die sich
einfrieren lassen, um in der Zukunft weiterleben zu können, ihr Geld verschwenden.
Jeder weiß, was die Kälte mit den Zellen macht.

*Es besteht auch die Möglichkeit sein Erbgut ins All schießen zu lassen, in der Hoffnung,
dass es von anderen Lebensformen entdeckt wird.*

Da steckt letzten Endes nichts als Geschäftemacherei dahinter.

»Der Mensch ist erst wirklich tot, wenn niemand mehr an ihn denkt.«

(Bertolt Brecht)

Onkologie

Jährlich sterben in Deutschland etwa 200.000 Menschen an
einer Krebserkrankung. Damit ist Krebs statistisch die zweithäufigste
Todesursache nach den Herz-Kreislauf-Erkrankungen. Der in
Deutschland am häufigsten vorkommende Krebs bei Männern ist der
Prostatakrebs, bei Frauen der Brustkrebs. Von den bundesweit
jährlich ungefähr 395.000 Erkrankten sind etwa drei Viertel der Betroffenen über 60 Jahre alt.

Bereits 1981 konnte durchschnittlich jeder dritte Tumorpatient geheilt
werden. Trotzdem zählt Krebs zu den Krankheiten, die in der
Bevölkerung eher Gedanken an tödliche Verläufe als die der Heilung
hervorrufen. Als geheilt gilt ein Patient, wenn er nach der Behandlung
fünf Jahre lang, bei einigen Krebsarten sogar zehn Jahre, keinen Rück-
fall erleidet. Da in den Statistiken die Rückfälle nach dieser Frist
nicht berücksichtigt werden und beispielsweise bei Autopsien am Institut für Rechtsmedizin in Hamburg bösartige Tumore entdeckt
wurden, die nicht im Krebsregister verzeichnet waren, dienen die Statistiken einer groben Einschätzung.

Die Entstehung eines bösartigen Tumors, auch Karzinom genannt,
beginnt mit einer Zelle, die zum Beispiel durch Umwelteinflüsse
ihr Erbgut verändert. Ein unkontrolliertes Wachstum defekter Körper-
zellen und deren Teilung verursacht eine Verdrängung und
Zerstörung des gesunden Gewebes. Bleiben die Zellen im Primärtumor,
ist diese Geschwulst vergleichsweise harmlos, kann aber auch
gefährlich werden, wenn sie andere Organe beeinträchtigt. 90 % der
tödlichen Krankheitsverläufe bei Krebspatienten hängen allerdings mit den sich ausbreitenden Tochtergeschwülsten, die in der Fach-
sprache auch als Metastasen bezeichnet werden, zusammen.
Aufgrund der verbesserten Behandlungsmethoden, wie Operation,
Bestrahlung und Chemotherapie, können laut Otmar Wiestler,
Chef des Deutschen Krebsforschungszentrums in Heidelberg, heute
etwa 50 % der Krebspatienten langfristig überleben.

Derzeit sind etwa 1000 Tumorarten bekannt, die sich zudem auch
noch von Mensch zu Mensch unterscheiden. Die Entschlüsselung der
Auswirkung von Krebs auf das komplexe Zusammenspiel von
Genen, Eiweißen, Zellen, Geweben und Organen zählt zu den Heraus-
forderungen der heutigen Krebsforschung.

2010 feiert die Charité als eine der größten Universitätskliniken Euro-
pas ihr 300-jähriges Bestehen. Ein Drittel aller Patente Berlins
stammen aus der Charité. 2004 wurden unterschiedliche Forschungs-
schwerpunkte in der Einrichtung festgelegt, zu ihnen zählt unter
anderem auch die Onkologie.

Charité-Universitätsmedizin Berlin
Universitätsklinikum Benjamin Franklin
Berlin

Maren Knödler hat Medizin studiert und verbrachte die zweite
Famulatur ihres Studiums in der Onkologie der Kölner Uniklinik.
In ihrer Doktorarbeit widmete sie sich ebenfalls dem Thema
Tumorerkrankungen. Anschließend arbeitete sie ein Jahr an klinischen
Forschungsprojekten und in der Ambulanz. Seit Oktober 2007
ist sie als ärztliche Mitarbeiterin auf der Onkologischen Station des
Universitätsklinikums Benjamin Franklin der Charité tätig.

Besondere Schwierigkeiten hatte ich zu Beginn mit Patienten, die es gar nicht hören wollten!

War die Arbeit mit Tumorpatienten von Anfang an Ihr Berufswunsch?

Bereits im Studium stellte ich fest, dass mich diese Themen einfach interessieren. Sei es Pathologie, Innere Medizin oder irgendein anderes Fach, ich las die Fachliteratur wie einen Roman, weil mich das so begeisterte. Ich hatte nicht das Gefühl, das müsse ich nun lernen. Der vierwöchige Krankenhausaufenthalt in der Onkologie der Kölner Uniklinik während meines Studiums war mein Einstieg. Auf der Station waren unglaublich nette Kollegen, das Team funktionierte gut und ich fand die Patienten sehr ansprechend und bewundernswert. Diese Kombination sagte mir zu.

Wie viele Patienten werden von Ihnen betreut? Werden Ihnen die Patienten zugewiesen?

Nein, bei uns weicht das von der Praxis vieler Abteilungen ab, in denen jeder Arzt seine zwei, drei Zimmer betreut. Wir versuchen die Patientenaufteilung zwischen den Kollegen täglich gleichmäßig zu gestalten. So lernt jeder jeden Patienten kennen und weiß über ihn Bescheid. Die meisten der Behandlungsvorgänge sind so komplex, dass es von Vorteil ist, wenn wir sie alle kennen, falls irgendwas passiert. Aufgrund des Schichtdienstes, den man am Abend hier allein verbringt, muss gewährleistet sein, dass man weiß, was ein Patient hat, was er bekommt und wie die aktuelle Situation ist.

Besteht bei der Betreuung aller Patienten auch die Möglichkeit, sich mit dem Einzelnen intensiver auseinanderzusetzen?

Mit allen ist das bestimmt nicht möglich. Andererseits widmet ein Arzt dem Patienten, den er aufgenommen hat, schon mehr Zeit. Er wird genau befragt und von dem jeweiligen Arzt untersucht und anschließend seinen Kollegen vorgestellt. Natürlich kennt er diesen Patienten auch am besten.

Ist die Ausrichtung der Station stark auf die Frühintervention – mit dem Ziel, die Patienten möglichst schnell wieder entlassen zu können – spezialisiert oder werden bei Ihnen viele Spätinterventionsmaßnahmen vorgenommen? Wie ist das Verhältnis zwischen heilender (kurativer) und schmerzlindernder (palliativer) Behandlung?

Das ist eher gemischt. Zu uns kommen viele Patienten, die sich im metastasierten Stadium befinden. Das ist dann eine palliative – also nicht heilbare – Situation, in der wir lebensverlängernde Maßnahmen vornehmen.

Gerade befindet sich ein metastasierter Patient bei uns, der Kopfmetastasen, Lungenmetastasen, den Haupttumor aber in seinen Hoden hat. Ein junger Mann, Ende Zwanzig, mit sehr guten Chancen, geheilt zu werden – trotz des fortgeschrittenen Stadiums. Viele der Patienten können aber leider nicht geheilt werden.

Wir sind bestrebt, möglichst wenig Erkrankte erst im terminalen Stadium auf unsere Station zu kriegen. Der Grund dafür ist, dass es sich um ein Universitätsklinikum handelt und wir die Verpflichtung haben, eine Notfallversorgung zu gewährleisten. Zwar ist unsere ärztliche Besetzung gut, jedoch sind die Schwestern nicht gut besetzt. Sie müssen enorm viel mit wenig Personal leisten, dadurch fehlt ihnen die Zeit, die man sich teilweise für Gespräche, für Aufmerksamkeit – gerade wenn ein Patient im Sterben liegt – wünscht. Junge Patienten mit Familie, vielleicht Kindern, versuchen wir auch frühzeitig entweder in Richtung Hospiz oder Home-Care zu bewegen.

Die Patienten werden demnach weitergeleitet, wenn klar ist, dass sie nicht mehr lange leben?

Ja, manchmal gibt es jedoch auch Situation wie vor zwei Tagen. Für einen Patienten suchten wir schon seit Wochen einen Hospizplatz, es stand jedoch keiner zur Verfügung. Ich meine, natürlich geht es auch hier und wir versuchen unser Bestes. Neulich hatten wir eine junge Patientin mit drei kleinen Kindern. Das ist super gelaufen, die waren alle da. Aber es klappt leider nicht immer so gut und deswegen versuchen wir die Patienten, wenn sie möchten, entweder mit einem betreuenden Home-Care-Arzt nach Hause zu verlegen oder eben ins Hospiz.

Vielen Ärzten ist damals im Studium vermittelt worden, dass sie ihre Patienten schonen und nicht unbedingt zu genau über ihren Zustand aufklären sollen. Hat sich das geändert?

Das habe ich im Studium überhaupt nicht so empfunden. Eher wurde so gut wie gar nicht darüber gesprochen. Mittlerweile ist das mehr im Kommen durch diese ganzen POL-Programme, problemorientiertes Lernen oder wie die sich nennen. In denen werden solche Dinge diskutiert und die Studenten schauspielern Szenen in der Art, aber das habe ich während meines Studiums fast gar nicht gemacht. Sehr positiv und hilfreich in der Hinsicht war für mich der Austausch mit meinen Kollegen.

43

Wir sprachen viel darüber, wie wir das in der jeweiligen Situation gemacht haben, oder spielten den Verlauf auch noch mal für uns durch: »Der Patient hat so und so reagiert, habe ich das richtig interpretiert oder nicht?« Dadurch konnte ich eine Menge lernen, was im Studium zu kurz kam. Aber ehrlich gesagt weiß ich nicht, ob diese Kurse mir persönlich viel gebracht hätten, anderen vielleicht schon. Ich hätte bei diesen Trockenübungen nicht ignorieren können, dass sie unecht sind. Das rein Wissenschaftliche daran hätte ich hingegen gern gelernt im Studium.

Haben Sie durch die Praxis gelernt, wie Sie einem Patienten eine Krebsdiagnose übermitteln?

Ja. Ich finde es nach wie vor sehr schwierig, besonders am Anfang fühlte ich mich hilflos. Da dachte ich: »Das schaffe ich nie!« Ich habe mir eingebildet, nicht die richtige Person zu sein, und dass es jemand anderes besser könne. Die Gespräche führte ich sehr intuitiv und fand, dass sie aus dem Bauch heraus auch ganz gut verlaufen sind. Mein Problem war vielmehr, dass ich das Gefühl hatte, man könne es besser machen, wenn man wüsste wie. Ich hätte gern eine professionelle Unterstützung und ein fundiertes Feedback von Dritten bekommen. Feedback erhielt ich in dem Sinne schon von den Patienten, man spürt ja, wie das ankommt. Aber ich habe immer gedacht, dass man das lernen müsse, es eine Strategie oder ein Rezept dafür gebe. Mehr und mehr komme ich jedoch zu der Einsicht, dass es das nicht gibt. Zu einigen Patienten gewinne ich den Zugang leichter, zu anderen gar nicht. Vorhandene Sympathie oder Empathie für den Betroffenen spielen auch eine Rolle bei der Diagnoseübermittlung.

Besondere Schwierigkeiten hatte ich zu Beginn mit Patienten, die es gar nicht hören wollten! Im Laufe der Zeit lernte ich das zu akzeptieren. Wobei mir schon schwer fällt, es hinzunehmen und zu sagen: »Lass sie in Ruhe, sie haben keinen Bock oder wollen nichts hören. Sie wollen eigentlich auch nichts machen.«

Aber diese Patienten müssen doch trotzdem behandelt werden oder nicht?

Manchmal ist das auch schwere Überzeugungsarbeit. Dann überlege ich immer wieder: »Es muss doch jetzt so eine bestimmte Reihenfolge geben, wie man reden soll oder den Patienten überzeugen kann«, doch letzten Endes mache ich das dann immer intuitiv. Die Patienten sind so individuell, dass es eigentlich so eine richtige Leitlinie gar nicht geben kann.

Verleugnungstaktiken bei Patienten können doch auch eine sinnvolle Überlebensstrategie sein? Natürlich bleibt die Frage, bis zu welchem Grad …

Ja, ist es sicherlich auch. Im Studium fand ich das bei sehr jungen Patienten interessant. Teilweise haben wir Anfang zwanzigjährige Patienten, deren Tumorerkrankung so fortgeschritten ist, dass sie – wenn nicht im gleichen Jahr – in den nächsten Jahren sterben werden. Untherapiert würden sie vermutlich sehr qualvoll »zugrunde gehen«. Ich wollte ihnen die Option offen lassen, zumindest die wenige Zeit gut leben zu können.

Und diese Patienten – ich war am Anfang
geschockt, als ich sah, wie das
abläuft – werden nicht richtig aufgeklärt.

Ich ging immer davon aus, der Patient müsse ganz genau wissen, was auf ihn zukommt, dass er vielleicht in sechs Monaten tot sein wird, weil er doch auch noch unheimlich viel machen muss. So viele Träume und Vorstellungen, die ich habe, kamen mir in den Sinn und ich dachte: »Das kann doch nicht sein! Dieser Mensch muss so viel nachholen bzw. vorholen«, wie auch immer man das betiteln will.

Irgendwann habe ich jedoch verstanden, dass, wenn dieser Mensch vollständig aufklärt ist, ihm alle Hoffnungen genommen werden und er nicht mehr kämpft. Wahrscheinlich verfiele er in eine einzige Depression und würde nicht weitermachen, die Patienten müssen aber kämpfen! Die Chemotherapien sind hart, solche Menschen müssen viel durchstehen. Ich war ebenso der Ansicht, man müsse ehrlich sein, sonst hört man später: »Warum hast du mir das nicht gesagt?« Das ist ein wirklich sehr schmaler Grat und deswegen prüfe ich immer wieder meine Sensoren, um sie zu verbessern und wirklich zu spüren: »Wie weit kann ich gehen? Und wie weit will der Patient, dass ich gehe?« Patienten signalisieren einem viel.

Inwiefern werden die Patienten über den Verlauf der Tumorerkrankung und den Sinn der Therapiemaßnahmen informiert?

Sie werden genau aufgeklärt, was für eine Art von Therapie sie bekommen, und das zählt meiner Meinung nach auch zu den wichtigsten Dingen. Gibt es eine, zwei oder drei therapeutische Maßnahmen? Was für welche sind das, wie wirken sie? Ihre Wirkung erklärt nämlich auch die Nebenwirkungen, und das ist deutlich relevanter für den Patienten. Die Therapie an sich, ob sie so angreift oder so, interessiert nur einige. An den Nebenwirkungen jedoch sind letztendlich alle interessiert, da sie darunter leiden und damit auch umgehen müssen. Ausgehend von der Wirkung lässt sich ihnen das sehr gut erklären. Woran sie außerdem immer interessiert sind, ist die Dauer der Therapie und wie lange sie auf der Station bleiben müssen. Das zählt zu den ersten Fragen, die kommen, und darüber werden sie vollständig aufgeklärt.

Die Anwendung aggressiver Behandlungsmethoden wie Chirurgie, Radiotherapie oder Chemotherapie erfordert ein gewisses Maß an Distanz zum Patienten. Wie schaffen Sie es, die Balance zwischen Distanz als Rückzugsform im Umgang mit Schwerstkranken und Identifikation mit dem Patienten, die zum Burnout führen kann, zu wahren?

Die Professionalität, glaube ich, muss gewahrt werden. Wenn ich einen Patienten aufnehme und ihn aufkläre, dann bin ich auch sehr »Mensch«. Meistens bin ich gefühlsbetont, bespreche häufig auch sehr persönliche, emotional erregende Dinge mit ihm. Gleichzeitig bin ich bei der Aufklärung eines Patienten aber auch Naturwissenschaftlerin und einfach, ja ... Medizinerin. Für mein Gegenüber bin ich in dem Moment vielleicht in erster Linie Ärztin. Also ich denke, man braucht beides, auch dem Patienten gegenüber. Vermittele ich Professionalität, die Basis für den Respekt, gewinne ich damit auch das Vertrauen.

Emotionale Erfolgserlebnisse sind bei Behandelnden schneller durch Heilung als durch Begleitung Unheilbarer zu erzielen. Auch Anerkennung von Kollegen bekommt man als kurativer Arzt leichter als in der Palliativmedizin. Das Bild des Arztes als heilender Retter wird einerseits von der Gesellschaft projiziert, aber auch vom Kranken und den Ärzten selbst. Wie gehen Sie mit der gängigen Ärzterolle um?

Da ich mich nie mit dieser Rolle befasst habe und das ehrlich gesagt schon immer bescheuert fand, habe ich damit überhaupt kein Problem. Die erste Frage im Studium werde ich nie vergessen: »Warum sind Sie Arzt geworden?«. Dann sind sie der Reihe nach aufgestanden: »Ja, ich will heilen ...«. Und ich dachte mir: »So ein Bullshit.« Deswegen stand das für mich auch nie zur Debatte. Ich war schon immer der Ansicht, dass es auch viel Hilfe zur Eigenhilfe ist. Denn man zieht für sich selber unglaublich viel daraus. Wenn ich den Patienten viel gebe, mich intensiv mit ihnen beschäftige und bemüht bin, ihren Zustand zu bessern und sie mir daraufhin Anerkennung zurückgeben – das ist mehr, als man gibt. Darum sehe ich mich nicht in dieser Rolle.

Selbstverständlich ist die Onkologie auch ein anderes Fach als die Chirurgie. Kommt dort jemand mit schrecklichen Bauchschmerzen wegen einer Blinddarmentzündung, wird dieser rausoperiert, der Bauch gesäubert und dem Patienten geht es – wenn er Glück hat – fünf Tage später wieder bestens und er ist dankbar. Bei uns ist das eine vollkommen andere Ebene und die Dankbarkeit hat auch eine andere Qualität.

Das sind Bilder und Mimiken, viele Erlebnisse, die ich nicht vergessen werde, explizit bei den Patienten, zu denen ich eine sehr enge Bindung habe. Das ist nicht bei jedem Patienten der Fall. Mit einigen findet die Arbeit mehr auf einer professionellen Ebene statt, andere sind mir wiederum persönlich ans Herz gewachsen.

Neulich war eine junge Patientin auf unserer Station, mit deren Familie wir ebenfalls viel sprachen, und von denen bekamen wir ein unglaublich schönes Feedback. Gar nicht mal, indem sie uns sagten, was sie toll fanden, auch gaben sie uns keine Blumen der Dankbarkeit – das wollen wir nicht, Süßigkeiten kriegen wir ebenfalls ohne Ende ... Sie entschieden sich, uns das zu geben, was ihrer Mutter am meisten am Herzen lag oder was eine Freude ihres Lebens war: die CD »Mensch« von Herbert Grönemeyer, die sie immer gehört hat. Nachdem sie das Album sehr viel gehört hatten, schenkten sie uns die CD ihrer Mutter. Solche Begebenheiten vergisst man nicht.

Die zeitliche Limitierung durch den nahenden Tod kann unter Umständen auch eine Chance zum Aufbau von Nähe sein. Erving Goffman vergleicht dieses Phänomen mit Urlaubsfreundschaften, die unter der Prämisse der begrenzten Dauer auch sehr intensiv sein können. Wie gehen Sie mit dem Verlust um, wenn Sie ein persönlicheres Verhältnis zu einem Patienten hatten?

Zum Teil trifft das zu, aber als Ärztin ist man weder Familienmitglied noch die enge Bezugsperson und die darf man auch niemals sein! Übt man seinen Beruf auf diese Weise aus, geht man zugrunde und kann ihn auch nicht mit Sachverstand bewältigen. Dem Patienten zu vermitteln, dass man den Beruf mit Freude macht, ist etwas ganz anderes. Beim Betreten des Raumes entscheidet sich innerhalb von wenigen Sekunden, ob man mit den Patienten klarkommt oder nicht.

Wie gestaltet sich der Kontakt mit den Angehörigen auf der Station?

Besteht eine persönlichere Beziehungsebene zu dem Patienten, kriege ich bestimmte Dinge zum Teil schon mit und kenne die Probleme im Umgang. Gerade bei jungen Familien wird viel diskutiert und beispielsweise besprochen, inwieweit die Kinder mit einbezogen werden. Kinder unter zwölf Jahren dürfen eigentlich nicht auf diese Station, das ist schon das erste Problem. Dabei geht es nicht darum, sie aus allem herauszuhalten, sondern es ist ein Infektionsproblem. Bei uns sind nahezu alle Patienten immunsupprimiert und wenn sich hier nur ein Patient, sei es der Bettnachbar oder jemand im nächsten Zimmer, mit einer Kinderkrankheit infiziert, ist das ein Problem. Wir hatten eine junge Mutter bei uns, deren Kleiner auch hier war – das war ein Hin und Her. Der war in diesem Zimmer, der blieb in diesem Zimmer. Teilweise müssen wir mit den Betroffenen über derartige Dinge sprechen, weil sie denken, sie müssten ihre Kinder total fernhalten, was ich persönlich nicht für richtig halte.

Gibt es Patienten mit wenig Angehörigen?

Ich muss immer wieder feststellen, dass viele allein leben oder einfach gar keine engen Beziehungen haben. Diese Patienten gehen mir teilweise sehr nahe, weil ich das für das Schlimmste halte, was einem passieren kann. Die Krankheit ist die eine Sache – schrecklich. Sicherlich so schon ein enormer Schicksalsschlag. Aber niemanden zu haben, bei dem man das Gefühl hat, zumindest eine Spur zu hinterlassen, das ist wirklich sehr schwierig.

Die Hospizeinrichtungen sind für meine Arbeit sehr erleichternd, so dass ich mit einem guten Gewissen nach Hause gehen kann und beruhigt bin. Liegen Patienten bei uns, denen es wirklich schlecht geht, oder ich weiß, dass sie in den nächsten Wochen sterben und dabei allein sein werden, fühle ich mich schon ein bisschen verantwortlich. Es gibt zum Beispiel auch sehr viele zerrüttete Familien – unglaublich! Genauso kann es passieren, dass sich absolut zerstrittene Familien hier wieder treffen. Vor dem Patienten ist es eine heile Welt und draußen tobt der Familienkrieg. Man bekommt da wirklich viel mit. Hier geht's in alle Richtungen.

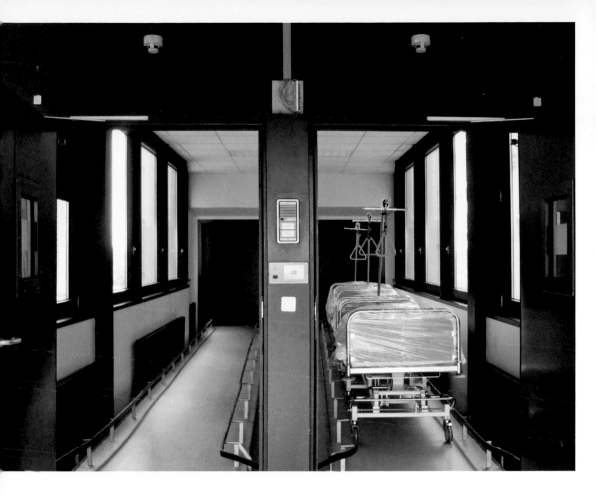

Diesbezüglich bin ich froh, in Berlin zu arbeiten, weil es hier zumindest Hospize gibt. Dort sind Menschen, die sich wirklich liebevoll um diesen Menschen kümmern, auf ihn eingehen und wo ich manchmal diese Verantwortung auch ein wenig von mir wegschieben kann.

Drängen Patienten oft zu hoffnungsversprechenden letzten Behandlungsmethoden?

Ja, es gibt Patienten, die bis zum letzten Tag kämpfen. Bei einigen wiederum setzt man die Therapie schon ab, wo man bei anderen noch fortfahren würde.

So viel Einfluss kann ein Patient haben?

Wenn der Patient sagt, er will nicht mehr, und ich weitere Maßnahmen für wirklich dringend notwendig halte, dann leiste ich beste Überzeugungsarbeit. Aber manche wollen nicht mehr. Das entscheiden die Kranken selbst und das müssen wir auch respektieren.

Routiniert die tägliche Konfrontation mit Schwerstkranken im Umgang mit existenziell bedrohlichen Lebenslagen?

Ich habe gelernt, damit umzugehen und wurde durch die Praxis sicherer und ruhiger. Ganz routiniert sollte man jedoch nie werden, ich glaube, sonst macht man es nicht mehr gut. Aber mit der Zeit geht man schon ins Zimmer und hat keine Angst mehr oder zumindest das Gefühl, dass man einem Unruhe und Aufregung nicht ansieht. So eine Ruhe zu erlangen, ist, glaube ich, wichtig.

Welche Einstellung haben Sie zur passiven Sterbehilfe?

Eine schwierige Frage. Es gibt immer wieder Patienten, die danach fragen. Ein Patient mit gesundem Ehepartner fragte mich mal, ob man nicht was machen könne. Den richtigen Umgang mit solchen Situationen zu finden und darauf vernünftig zu reagieren, ist nicht einfach.

Aufgrund meiner Erfahrung behaupte ich, dass wir selbst bei Verläufen, die von außen hart und unmenschlich erscheinen, mittlerweile viel tun können.

Patienten müssen keine Schmerzen mehr
haben und ab einem gewissen Punkt
kann man meiner Ansicht nach auch
sagen, dass es vorbei ist, und keine weiteren Therapien mehr ansetzen.

Ich für meinen Teil könnte passive Sterbehilfe nicht leisten, jedoch stellt sich auch die Frage, wie man das genau definiert. Bestimmte Medikamente, wie hoch dosiertes Morphin, beschleunigen den Prozess, werden allerdings von Patienten mit starken Schmerzen auch benötigt. Das ließe sich indirekt als – sagen wir nicht Sterbehilfe – erleichternde Maßnahme interpretieren. Warum sollte ich einen Patienten, bei dem klar ist, dass er in den nächsten Tagen sterben wird, mit drei Litern Wasser vollpumpen? Die letzte Phase so menschlich wie möglich zu gestalten, halte ich für einen guten Weg. Patienten signalisieren ihre Bedürfnisse häufig, indem sie zum Beispiel die Arme wegziehen oder den Mund nicht mehr aufmachen, wenn wir ihnen Essen geben wollen. Ich würde niemanden versuchen zu ernähren, wenn ich weiß, dass er die nächsten zwei Wochen stirbt. Das sind Situationen, in denen sich ethische und medizinische Fragen stark überschneiden.

Soweit ich informiert bin, besteht die Möglichkeit, einem Patienten die Medikamente zur Verfügung zu stellen, die er bräuchte, um sich umzubringen. Allerdings ist gesetzlich vorgeschrieben, dass Arzt und Pflegepersonal in dem Raum nicht anwesend sein dürfen, weil das unterlassene Hilfestellung wäre.

Viele Patienten hätten angeblich auch alles zuhause und erzählen mir: »Wenn ich will, bin ich tot.« Aber diejenigen, die das gesagt haben, würden sich niemals umbringen.

Können Sie von Sterbenden lernen?

Ja, aktiv zu leben – aktiv und essentiell. Viele von ihnen sind unglaublich stark.

Haben Sie selber Angst vor dem Tod?

Ich glaube, die hat fast jeder. Besonders beängstigend ist für mich, wenn ich mit Erkrankungen junger Menschen konfrontiert werde. Bei den Älteren, die ihr Leben gelebt haben, ist es etwas anderes. Aber bei den Jungen …

Kirsten Sahling machte nach ihrem Abitur
eine Ausbildung zur Krankenschwester.
Im Anschluss studierte sie Psychologie und
spezialisierte sich später, ausgestattet
mit entsprechender Praxiserfahrung, auf den
Bereich Psychoonkologie. Von Dezember
2001 bis Juni 2009 arbeitete sie engagiert
auf der Onkologischen Station des
Universitätsklinikums Benjamin Franklin
der Charité.

Manchmal sind es auch gar nicht die Worte, sondern einfach die Anwesenheit.

Wie viele Patienten werden von Ihnen betreut?

Der Schwerpunkt unserer psychoonkologischen Arbeit liegt auf der Begleitung von Patienten der Hämatologie und Onkologie. Wir betreuen aber auch Krebspatienten anderer Abteilungen, wie beispielsweise der Strahlenklinik oder der Chirurgie. Die Schwestern und Ärzte ziehen uns hinzu, wenn sie den Eindruck haben, dass ein Patient oder auch Angehöriger von einer psychoonkologischen Begleitung, einem unterstützenden Gespräch, profitieren könnte. Patienten und Angehörige nehmen aber auch von sich aus den Kontakt zu uns auf.

Wie häufig haben Sie mit einem Patienten Sitzungen?

Es hängt immer davon ab, wie lange der Patient da ist, wie stark sein Bedürfnis nach Gesprächen ist und von unserer Einschätzung, wie viele Gespräche ein Patient braucht. Wenn jemand nur sehr kurz auf der Station ist oder beispielsweise gezielte Informationen zu seiner Erkrankung sucht, kann es sein, dass es bei einem Beratungsgespräch bleibt. Ist jedoch jemand über Wochen oder Monate bei uns, können es auch 10, 15, 20 Besuche werden.

Elisabeth Kübler-Ross erforschte als Erste den Umgang Schwerstkranker mit dem eigenen Ableben. Aus ihren Studien leitete sie fünf Sterbephasen ab, die der Betroffene durchläuft: Verneinung der Krankheit, Wut, der Versuch, gesundheitsschädliches Verhalten der Vergangenheit rückgängig zu machen, Depression und Akzeptanz des Unvermeidbaren. Inwiefern decken sich Ihre Erfahrungen mit den Studien?

Dieses Phasenmodell von Frau Kübler-Ross wird schon lange in Frage gestellt. Zwar treten einzelne »Phasen« des Modells auf, aber sie laufen nicht so streng ab, wie das Modell es suggeriert. Das im Patientenkontakt beobachtbare Verhalten und Erleben folgt nicht einem Schema, sondern kann sich auch sehr wechselhaft äußern.

Es kann vorkommen, dass ein Patient seine Situation angenommen zu haben scheint, sich im nächsten Gespräch jedoch auch wieder durch Abwehrstrategien zu schützen versucht, was nebenbei gesagt auch ganz gesund und hilfreich sein kann.

Während bei seelisch erkrankten Menschen die Blockierung zu bestimmten Gefühlswelten häufig als behandlungswürdig eingestuft wird, kann die Verleugnung und Ausblendung der Krankheit bei Krebspatienten hingegen ein gesunder psychischer Schutzmechanismus sein. Welche Abstufungen der Verleugnung haben Sie erfahren und wie gehen Sie mit jenen Überlebensstrategien als Psychologin um?

Es kann durchaus ein hilfreiches Verhalten des Patienten sein, sich abzulenken und sich nicht durchgehend mit seiner Erkrankung oder dem drohenden Tod zu befassen. Ich empfehle den Patienten, sich einerseits mit der Krankheit auseinanderzusetzen, andererseits – und das ist genauso bedeutsam – sich Freiräume und Oasen zu schaffen. Abwehr und bewusste Ablenkung können sehr wichtig sein, um zu verhindern, dass der Patient dekompensiert – völlig zusammenbricht –, und ihm helfen, solche Situationen überhaupt erst durchzustehen. Man muss individuell nach dem Ausmaß schauen. Geht die Verdrängung soweit, dass jemand beispielsweise im Anfangsstadium aufgrund seines »Nicht-wahrhaben-Wollens« glaubt, keine Therapie zu brauchen, müssen wir natürlich intervenieren und ihn dabei begleiten, die Krankheit nach und nach an sich heranzulassen und die Tatsache auch zu akzeptieren.

Würden Sie behaupten, es gibt einen Zusammenhang zwischen der Wahrscheinlichkeit, von einem Tumor befallen zu werden, und der psychischen Verfassung eines Menschen?

Ich würde nicht behaupten, dass die Psyche allein eine Krebserkrankung auslösen kann. Von diesem Konstrukt der »Krebspersönlichkeit« haben sich Gott sei Dank die meisten verabschiedet. Aber natürlich stehen Körper und psychisches Befinden in Wechselwirkung miteinander. Sobald sich ein Patient körperlich erholt, die Nebenwirkungen nachlassen, geht es ihm oft auch psychisch besser. Umgekehrt kann sich psychisches Befinden auf den Körper auswirken: Jemand, der schwer depressiv ist, hat zum Beispiel eine andere Körperhaltung als jemand, der gerade im Lotto gewonnen hat. Diese Wechselwirkung lässt sich aber bei uns allen beobachten. Und welche Rolle die Psyche nun genau bei der Entstehung von Krebserkrankungen spielt, wird uns die Psychoneuroimmunologie hoffentlich in Zukunft noch genauer sagen können.

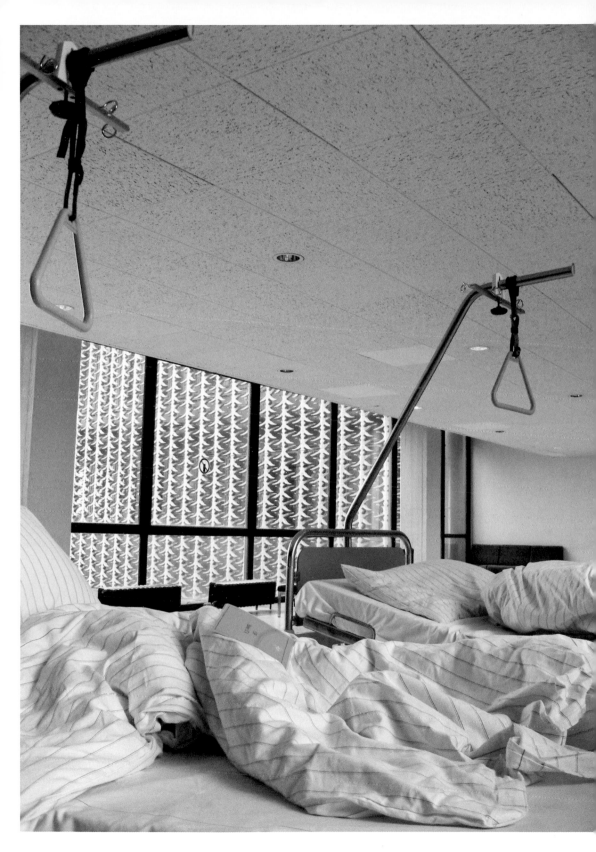

In der letzten Lebensphase intensivieren sich Grunderfahrungen wie Abhängigkeit und Angewiesenheit. Außerdem ist die Erfahrung des Sterbens nur sehr begrenzt mitteilbar, so dass das Umfeld auch auf Verstehensgrenzen stößt, woraus wiederum Einsamkeit resultieren kann. Ist es schwer, sich ein Bild von Patienten zu machen, die in der terminalen Phase eingeliefert werden und nur noch bedingt kommunikations- und bewegungsfähig sind?

Nicht unbedingt, es hängt eher von der Persönlichkeit ab: Wie nahbar ist der Mensch, wie sehr kann und möchte er sich auf eine fremde Person in seiner Situation einlassen? Häufig sind gerade in dieser letzten Phase die Gespräche sehr intensiv. Das muss nicht heißen, dass lange und viel gesprochen wird, aber der Inhalt kann, auch ohne viele Worte, sehr intensiv sein. Manchmal sind es auch gar nicht die Worte, sondern einfach die Anwesenheit. Einfach zu signalisieren, dass man da ist, die Person einem erzählen kann, was sie beschäftigt, dass aber genauso gut gemeinsam geschwiegen werden darf. Das Aushalten der Situation kann für einen Patienten sehr hilfreich sein.

Die letzte Phase ist häufig von Stille gekennzeichnet ...

Das Gegenteil kann aber auch der Fall sein. Überspitzt formuliert: Manche sterben ja wirklich, während sie reden. Aber es gibt auch andere Verläufe, bei denen sich der Mensch in sich zurückzieht und immer weniger Kontakt zu seiner Umwelt aufnimmt.

Eine Gefahr bei psychologischen Begleitung besteht darin, dass der Betreuer die nötige Distanz zum Patienten verliert, sich in den Sterbeprozess emotional zu stark involviert und darauf unter Umständen depressiv, enttäuscht oder mit Schuldgefühlen reagiert. Wie schaffen Sie es, die Balance zwischen Distanz und Nähe zu wahren?

Ich hatte selbst eine Krebserkrankung, von daher sind bei mir eigene Betroffenheit und Erfahrung vorhanden. Eine gesunde Distanz zu wahren, ist tatsächlich eine Kunst, in der sich jeder immer wieder üben muss. In der konkreten Begegnung helfen mir dabei innere Bilder, die für mich persönlich eine »gute Distanz« symbolisieren. Schuldgefühle im Sinne von »Ich habe etwas falsch gemacht« hatte ich bislang keine. Wenn dann eher in der Form, dass ich der Person noch etwas anderes gewünscht hätte. Vielleicht Überlegungen, wie ich den Patienten hätte anders begleiten können, welche Ideen und Impulse noch sinnvoll gewesen wären. Aber ich würde nicht soweit gehen, das als Schuldgefühle zu bezeichnen. Vielmehr ist es ein Reflektieren über die Arbeit und was ich zukünftig bei anderen Patienten noch anders machen könnte.

Helfen Ihnen Ihre eigenen Erlebnisse bei Ihrer Arbeit?

Ja, in vielen Situationen schon. Mit der Einschränkung, dass ich dadurch natürlich immer wieder mit meinem eigenen Erleben konfrontiert werde. Das erfordert ein hohes Maß an Reflexion, um die Dinge nicht einfach zu schlucken. Dafür ist es wichtig, im kollegialen Austausch innerhalb einer Intervision über die Erfahrungen, die betroffen gemacht haben, zu sprechen.

Welche Inhalte und Lebenskonzepte finden die Patienten Ihrer Erfahrung nach für ihre verbleibende Zeit? Ist der Umgang mit dem ungelebten Leben schwer?

Viele beschäftigen sich in der letzten Phase damit, was sie noch organisieren müssen: Testament, rechtliche Dinge oder Versorgung der Kinder. Häufig vollziehen die Menschen noch mal einen Lebensrückblick, es geht ja auch darum, eine Lebensbilanz zu ziehen. Dabei wird schon dem einen oder anderen bewusst:

»Was habe ich nicht gelebt?
Was hätte ich eigentlich gern gemacht?«

Auch denken sie über Unausgesprochenes nach, was sie gern bestimmten Menschen noch sagen würden. Ihr Blickwinkel auf Beziehungen und Familienangehörige verändert sich manchmal, da sie das Geschehen mit mehr Abstand betrachten können. Manche Patienten erkennen eigene Fehler in der Vergangenheit und haben das Bedürfnis, diese zu klären. Einigen gelingt das auch. Wobei es nicht zu unserer Aufgabe gehört, für eine Versöhnung zu sorgen. Ich würde mir manchmal auch wünschen, dass sich die Mutter beispielsweise noch mit ihrem Sohn versöhnt. Aber das ist in dem Moment *mein* Wunsch und wenn sich einer der Beteiligten nicht darauf einlassen kann oder will, dann ist es meine Aufgabe, das auch zu akzeptieren und den anderen in seiner Enttäuschung zu begleiten.

Wie stark sind Sie in die Betreuung der Angehörigen involviert? Finden regelmäßige Gespräche statt? Müssen Sie oft vermitteln?

Ein wichtiger Teil unserer Aufgabe ist, die Familie im Umgang mit der Situation zu unterstützen, wenn beispielsweise der Patient das Bedürfnis hat, sich zurückzuziehen, während die Angehörigen so viel Zeit wie möglich mit ihm verbringen möchten. Geschieht dieser Rückzug wortlos, wird das schnell als Ablehnung empfunden. Nicht selten liegen die Bedürfnisse weit auseinander, obwohl eine gemeinsame Basis besteht. Eigentlich wollen alle das Beste für die Familie, aber dadurch, dass oft nicht über Gefühle, Belastungen und Schwierigkeiten gesprochen wird, entsteht eine Distanz durch das Schweigen.

»Die meisten Menschen sterben so, wie sie gelebt haben.« Können Sie dieses Zitat anhand Ihrer psychologischen Unterstützung Schwerstkranker näher erläutern?

Wenn wir versuchen, das ein bisschen zu verallgemeinern, ist da schon etwas dran. Menschen, die gute Kontakte hatten oder haben und viel Austausch suchten, neigen auch eher dazu, offener für die Kontaktaufnahme während des Sterbeprozesses zu sein. Menschen, die eher isoliert lebten, wollen auch in so einer Situation häufig gern für sich sein. Aber mir sind auch schon Menschen begegnet, die einen isolierten Lebensstil hatten und als Eigenbrötler galten und gerade in diesem Prozess in der Lage waren, sich noch mal ganz anders zu öffnen.

Neigen Patienten in der Sterbephase häufig zu Spiritualität?

Viele stellen sich noch mal die Frage: »Wie ist denn das eigentlich – gibt es etwas über den Tod hinaus?« Natürlich ist es eine Zeit, in der Menschen das Bedürfnis haben, sich an etwas zu orientieren, Hoffnung und Trost zu suchen.

Viele Patienten erzählen, dass sie an eine höhere Macht glauben und sich »irgendwie« aufgehoben fühlen im Kosmos. Einige sind religiös fest verankert und glauben an das Leben nach dem Tod oder auch, dass sie in einer anderen Form weiterexistieren werden – und das sind gar nicht so wenige.

Viele berichten mir, dass sie in der Phase wieder zurück zu ihrem Glauben gefunden haben, andere entdecken ihn erst und wieder anderen ist das egal.

Die finden es so in Ordnung, ihr Leben gelebt zu haben. Gern ziehen sie Vergleiche zur Natur: Auch dort sei ein Kommen und Gehen, das Wachsen, Reifen und Absterben. Das ginge im Kreislauf so weiter, aber von ihnen als Person sei nichts mehr da. Und es gibt natürlich immer wieder Patienten, die sich über ihre Enkelkinder freuen und in ihnen ein Weiterleben ihrer Selbst sehen.

Können Sie von Sterbenden lernen?

Auf jeden Fall. Mir ist beispielsweise eine Patientin in Erinnerung, die mit sich und der Situation gekämpft hat. Sie wollte einerseits nicht sterben, merkte aber auch deutlich, dass sie es nicht mehr aushalten konnte. Das war eine große Ambivalenz. Kurz bevor sie starb, sagte sie in unserem letzten Gespräch: »Und wissen Sie was, ich bin jetzt richtig neugierig, was da kommt.«

»Wenn auf jedem Grab eines Ermordeten,
von dem wir irrtümlich glauben,
dass er natürlichen Todes gestorben sei,
eine Kerze brennen würde,
wären nachts alle Friedhöfe hell erleuchtet.«

(Horst Herold, zit. in »Der Spiegel« vom 06.04.1987)

Kriminalpolizei und Mordkommission

Aufgrund der Ausbreitung der Kriminalität Ende des 18. Jahrhunderts entstand in Berlin 1854 erstmalig ein eigenständiger Dienstzweig innerhalb der Polizei, der nach eigenem Ermessen Vernehmungen und Untersuchungen zur Verbrechensbekämpfung durchführen konnte. Die steigenden Mobilität der Straftäter und Entwicklung neuer, effizienterer Kommunikationswege erforderte die Einführung zentraler Einrichtungen, die die überregionale Strafverfolgung ermöglichten. Ende des 19. Jahrhunderts verfügten alle großen deutschen Städte über eine Kriminalpolizei. Es wurden neue Fahndungshilfsmittel etabliert und Erkenntnisse systematisch gesammelt und ausgewertet. Im Gegensatz zur Schutzpolizei ist die Kriminalpolizei ausschließlich mit der Bearbeitung und Verhinderung von Straftaten betraut.

Es folgte eine weitere Aufteilung in Kriminalitätsfelder: Die erste Mordkommission in Berlin wurde 1902 gegründet. Heute verfügt die Hauptstadt über sieben Mordkommissionen. Durch größere Polizeireformen Ende der 1960er Jahre änderte sich die Ausbildungsstruktur innerhalb der Polizei. Zuvor wurden Polizisten in verschiedenen Einsatzgebieten ausgebildet und wenn sie bestimmte Voraussetzungen erfüllten, konnten sie in den gehobenen Dienst wechseln. Seit 1974 können sich in Berlin Abiturient/-innen innerhalb einer dreijährigen Fachhochschulausbildung spezialisieren und im Anschluss direkt als Kommissare arbeiten.

Hauptsitz der hessischen Kriminalpolizei ist das Landeskriminalamt in Wiesbaden. Die Dienststelle Bad Hersfeld bearbeitet den gesamten Kreis Hersfeld-Rotenburg in Nordhessen. Sie deckt verschiedene Kommissariate ab, wie etwa das K21 für Diebstahl oder das K30 für Rauschgiftdelikte. Das K10 ist für Mord, Totschlag, Brand, Sitte und Staatsschutz zuständig. Mit dem »Kannibalen von Rotenburg« und dem Mord an einem Polizisten, der Radarkontrollen durchführte, hatte die Polizeidirektion Hersfeld-Rotenburg im diesem Jahrzehnt schon zwei Fälle in ihrem Zuständigkeitsgebiet, die überregional für Schlagzeilen sorgten.

Die Anzahl der Tötungsdelikte in Deutschland hat in den letzten zehn Jahren kontinuierlich abgenommen. Wurden 1997 noch 1158 vollendete Morde und Totschlagsdelikte begangen, belief sich diese Zahl 2007 auf 692 Delikte. Die Aufklärungsquote lag im selben Jahr bei 97,3 %.

Der Kommissar ist ein häufig in den fiktiven Medien dargestellter Berufszweig. Durch Fernsehserien wie den »Tatort« oder Kriminalromane entsteht eine mediale Erwartungshaltung, wie dieser Beruf zu sein hat. Dabei basiert der Erfolg dieser Serien mehr auf der Faszination am »Bösen« als auf der Realität der Strafverfolgung.

Polizeidirektion Hersfeld-Rotenburg
Regionale Kriminalinspektion
Bad Hersfeld

Jürgen Schade ist seit 28 Jahren bei der Polizei tätig. Er absolvierte sein Abitur und fing im mittleren Dienst als Schutzpolizist in Frankfurt am Main an. 1986 war er im Zuge seiner Ausbildung bei der Kriminalpolizei. Anschließend arbeitete er knapp zehn Jahre beim Mobilen Einsatzkommando in Kassel, das für Observationen, Entführungen, Geiselnahmen, Rauschgiftdelikte etc. zuständig ist. Zwischendurch studierte er. Seit zwölf Jahren ist er auf der Polizeidirektion in Bad Hersfeld als Kripobeamter im Einsatz.

Später fanden wir auch das Fleisch, hatten allerdings Schwierigkeiten festzustellen, ob es sich tatsächlich um menschliches Fleisch handelte.

Wie gestaltet sich ein gewöhnlicher Berufstag bei Ihnen?

Das Schöne bei uns ist, dass wir mit sehr unterschiedlichen Bereichen in Kontakt kommen. Momentan bearbeite ich unter anderem einen Brandfall und ermittele gegen Personen, bei denen Kinderpornographie gefunden wurde. In einer großen Dienststelle wie Frankfurt gibt es einzelne Fachkommissariate, die beispielsweise ausschließlich Brandfälle oder »Sitte« bearbeiten. Die Vorgänge, die ich hier liegen habe, sind sehr gemischt – man weiß nie, was genau kommt. Heute Morgen war ich überrascht, als ich die Zeitung aufschlug und das Bild von einem brennenden Haus sah. Da war mir klar, dass ich das nachher auf dem Tisch haben, dort hinfahren und bearbeiten würde. Normalerweise kommen die Ermittlungsvorgänge jedoch über die Schutzpolizei, per Post von der Staatsanwaltschaft oder anderen Dienststellen zu uns. Häufig kommt es natürlich auch vor, dass sich die Geschädigten direkt an uns wenden.

Ich bin erstaunt, dass Sie teilweise die Geschehnisse über die Medien erfahren ...

Nein, um Himmels willen! Ich erfahre die anstehenden Sachen natürlich sofort dienstlich. Aber es gibt Vorfälle, die bereits nachts an die Presse gehen.

Deswegen höre beziehungsweise sehe ich das manchmal schon vor meinem Weg zur Arbeit. Auf unserer Dienststelle gibt es außerhalb der Regelarbeitszeit einen Bereitschaftsdienst. Das heißt, wenn am Wochenende oder nachts etwas passiert, werden diese Beamten angerufen.

Zu den unnatürlichen Todesarten zählen Selbsttötung, Tod durch Unfall und durch Tun oder Unterlassen anderer Personen verursachter Tod. Mit welcher Todesursache kommen Sie als Kripobeamter am häufigsten in Berührung?

Um die normalen Verkehrsunfälle kümmert sich die Schutzpolizei. Wir bearbeiten alles, wo ein Arzt »ungeklärt« angekreuzt hat. Der Notarzt untersucht den Verstorbenen. Kann er sich die Todesursache nicht genau erklären, ist er daraufhin verpflichtet, sofort die Polizei zu verständigen. Ebenso wird die Polizei natürlich bei erkennbaren Suiziden, Arbeitsunfällen, häuslichen Unfällen oder Todesfällen, bei denen unklar ist, um welche Person es sich handelt, eingeschaltet.

Wie oft kommt das durchschnittlich im Jahr vor?

Grob geschätzt 120 Mal pro Jahr bei unserer Dienststelle. Wir haben wesentlich mehr Suizide als Verkehrstote.

Vorwiegend Jugendliche?

Nein, alles querbeet. Angefangen bei 14, 15 Jahren bis ins hohe Alter.

Das überrascht mich, weil nur vereinzelte Fälle in die Öffentlichkeit dringen.

Suizide gehen grundsätzlich nicht in die Presse. Auch sonstige Sterbefälle nicht, außer wenn beispielsweise jemand am Hersfelder Bahnhof zur frequentierten Zeit vor den Zug springt. Da das viele Menschen mitkriegen, wird es auch in der Presse aufgegriffen. Passiert ein Bahnsuizid auf einer Strecke, wird es nicht veröffentlicht, auch wenn Tausende von Reisenden deswegen warten müssen.

Jüngst hat sich ein Mann hinter einem Tunnel vor den Zug geworfen. Ich musste seine sterblichen Überreste aufsammeln, die über drei Kilometer verteilt waren.

Der Bahnverkehr auf der anderen Strecke ging zu dem Zeitpunkt nicht und ich schätze, dass die Höhe des Schadens mindestens im 100.000-er Bereich lag. Nur auf dem Abschnitt habe ich bereits sechs Personen auflesen müssen. Es ist erst Juni und hier sind schon mehrere Dossiers mit Todesfällen gefüllt. Die Bearbeitung von Leichensachen ist keine besonders angenehme Aufgabe, wenn beispielsweise ein verstorbener französischer LKW-Fahrer erst nach zwei Wochen in seinem LKW entdeckt wird. Sie können sich vorstellen, was für ein Geruch einem da beim Öffnen der Tür entgegenkommt. Allein um Ostern gab es fünf Suizide im hiesigen Bereich. Eine Frau nahm sich das Leben und nachdem der Mann das erfuhr, sprang er von der Brücke. Rufen die Pressevertreter danach bei uns an und erhalten die Information, dass es ein Suizid war, wird darüber auch nicht berichtet.

Ist das gesetzlich geregelt?

Nein, einen »gewissen Anstand« gibt es natürlich noch. Für die Angehörigen ist das schlimm genug, dann muss das nicht auch noch in der Presse stehen.

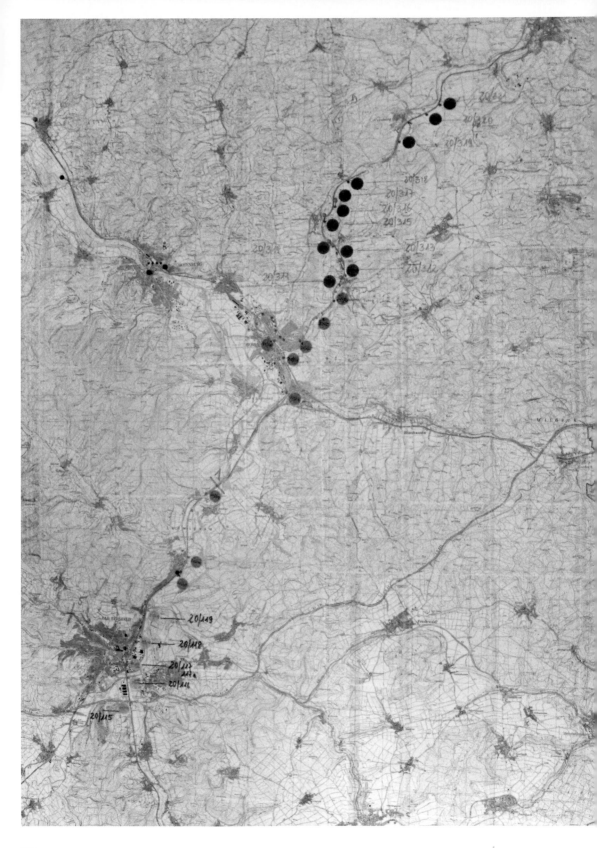

Wie viele Morde gibt es in der Region Hersfeld-Rotenburg im Durchschnitt und wie viele werden davon aufgeklärt?

Hier im Kreis hatten wir zwar in den letzten Jahren einige spektakuläre Vorfälle, im Schnitt ist die Zahl jedoch sehr niedrig. Durchschnittlich gibt es zwei bis drei Anzeigen pro Jahr, meist versuchte Tötungsdelikte. Fahrlässiges Verhalten wie beispielsweise ein durch einen Arzt verursachter Tod im Krankenhaus kommen natürlich auch vor, aber vorsätzliche Tötungsdelikte kaum. Die Ermittlung des Täters ist in einigen Fällen relativ einfach, weil er schon von Beginn an bekannt ist. Meist entstammen sie dem nahen Umfeld und es besteht eine Täter-Opfer-Beziehung. Ob das nun der Mann ist, der seine Frau erschlägt, oder eine andere Art von Bekanntschaft. Ist die Identität des Opfers ermittelt, kann man meist recht schnell über dessen Beziehungen weiterkommen. Findet man ein Opfer vor und wir haben keine Anhaltspunkte, wer das war, wird die Angelegenheit natürlich komplexer. Im Jahr 2000 gab es hier einen Mord an der Autobahn, bei dem ein Kollege in einem Radarwagen erschossen und der andere schwer verletzt wurde. Sie saßen in einem Zivilwagen an der A4, Bereich Asbach, und haben Geschwindigkeitsmessungen durchgeführt.

Ein Busfahrer aus Sachsen-Anhalt wurde auf seinem Weg zur Arbeit nach Frankfurt geblitzt. Aufgrund seiner bereits gesammelten Punkte in Flensburg hatte er Angst, seinen Führerschein zu verlieren, ist noch mehrere Male an der Stelle vorbeigefahren, drehte schlussendlich und stellte sein Fahrzeug in der Nähe ab.

Er holte eine Pistole aus dem Kofferraum seines PKWs, ging zu den beiden Kollegen, öffnete die Tür und erschoss einen von ihnen. Danach war er verschwunden. Dem folgte ein großer Ermittlungsaufwand, eine Sonderkommission wurde eingerichtet und nach drei bis vier Wochen machten wir den Busfahrer ausfindig und nahmen ihn fest. Er wurde später zu einer lebenslangen Freiheitsstrafe verurteilt.

Er war demnach nicht auf der Flucht?

Er war damals an seiner Arbeitsstelle, hat sich aber nicht gestellt und deswegen mussten wir recht aufwändig ermitteln. Ein weiteres bekanntes Tötungsdelikt wurde von einem jungen Mann begangen, 19 Jahre alt und rauschgiftabhängig. Bei einem Streit mit seiner Mutter, die sich fürsorglich um ihn gekümmert hat, erstach er sie mehr aus Versehen. Sie wurde schwer verletzt ins Krankenhaus eingeliefert und ist nach der Notoperation verstorben. In solchen Fällen ist es relativ einfach, da sich der Täter bei der Polizei gemeldet hat. Er kam zu uns – während seine Mutter im Krankenhaus verstarb – und wurde anschließend auch verurteilt.

Wie wird der Tod festgestellt und wie gehen Sie um Tatort vor?

Es wird zwischen unsicheren Todeszeichen – Abkühlung, Pulslosigkeit, Areflexie, Atemstillstand – und sicheren Todesanzeichen – Leichenflecke, Leichenstarre und Fäulnis – unterschieden. Beweisgrundlage für den eingetretenen Tod dürfen nur die sicheren Anzeichen sein. So lange soll eigentlich auch gewartet werden. In den meisten Fällen sind schon sichere Todeszeichen vorhanden, selten kommen wir zu einer ganz frisch verstorbenen Person. Es dauert auch nicht lange, bis die ersten Leichenflecke auftreten. Unsere Aufgabe ist es, vor Ort innerhalb der Leichenschau die Todesursache zu ermitteln. Hierfür haben wir eine spezielle rechtsmedizinische Ausbildung genossen und verfügen in diesem Bereich teilweise über mehr Kenntnisse als die Ärzte, die sich mehr dem Erhalt des Lebens verschrieben haben. Wir sind reich an Erfahrungen mit Toten und können einschätzen, woran ein Mensch verstorben ist. Natürlich gibt es Fälle, bei denen auch neue Kenntnisse gefordert sind, oftmals können wir jedoch gut mit unseren Erfahrungen arbeiten.

An einem Tatort ist mir äußerst wichtig, dass keine Fehler unterlaufen. Etwas übertrieben ausgedrückt, wenn etwa im Leichenschauschein ein »natürlicher Tod« ankreuzt ist und sich im Nachhinein herausstellt, dass ein Messer in seinem Rücken gesteckt hat. Unsere Devise lautet daher, immer äußerst gründlich und genau zu arbeiten. Hierbei gilt auch der Grundsatz »Vier Augen sehen mehr als zwei«, deswegen fahren wir immer zu zweit raus.

Wie genau können Sie als Kripobeamter den Todeszeitpunkt bestimmen?

Das geht natürlich nicht so wie in den Krimis, wo es dann heißt, die Person sei gestern um 17.23 Uhr gestorben. Den Zeitraum können wir allerdings schon anhand bestimmter Merkmale grob eingrenzen: ob die Leichenflecken beispielsweise noch wegdrückbar sind, die Leichenstarre schon eingetreten ist beziehungsweise wo sie eingetreten ist und wie fest oder brechbar sie ist oder wie fortgeschritten der Verwesungsprozess ist.

Anhand der Leiche lassen sich auch andere Schlussfolgerungen ziehen:

Findet man einen Menschen erhängt vor, kann man zum Beispiel an seiner Augenbindehaut ableiten, wie sein Sterbeprozess war. Sind punktförmige Einblutungen zu erkennen, hatte er einen Erstickungstod, weil das Blut sich im Kopf sammelte und durch das Seil nicht wieder in den Körper fliessen konnte.

Hellrote Leichenflecken lassen beispielsweise auf Tod durch Erfrieren schließen. Aber auf die Minute genau kann der Todeszeitpunkt nicht festgestellt werden. Näheres lässt sich dann durch die Summe der äußeren Umstände erörtern. Viele Faktoren wie Statur, Alter, Außentemperatur oder Kleidung beeinflussen den Zustand der Leiche.

In welchen Fällen arbeiten Sie mit Gerichtsmedizinern zusammen?

Sobald wir geringste Bedenken haben und der Verdacht eines Tötungsdeliktes besteht, kontaktieren wir die Staatsanwaltschaft und veranlassen eine Obduktion. Daraufhin holt der Bestatter die Leiche ab und die Obduktion kann durchgeführt werden. Wenn von Anfang an klar ist, dass es sich um ein Tötungsdelikt handelt, holen wir den Gerichtsmediziner vor Ort, wo er die Leichenschau macht, und im Anschluss wird die Obduktion in der Gerichtsmedizin durchgeführt.

Hat sich schon einmal ein »natürlicher« Tod später als »unnatürlicher« herausgestellt?

Ist mir spontan keiner bekannt. Aber man muss hierzu sagen, dass einige ungeklärte Todesfälle bei der normalen Leichenschau nicht erkannt werden. Den Ärzten fehlt hier teilweise die Routine, um zu erkennen, ob ein Unfall vorliegt oder nachgeholfen wurde. Es gibt natürlich auch bestens ausgebildete Gerichtsmediziner, aber die normalen Ärzte streifen diesen Bereich meist nur kurz in ihrer Ausbildung. Wir fänden es gut, wenn es bei uns, ähnlich wie in anderen Ländern, speziell geschulte Leichenbeschauer gebe. Wir mussten schon in seltenen Fällen Ärzte in ihren Vermutungen korrigieren. Vor einigen Jahren wurde ein älterer Herr in seiner Scheune tot aufgefunden und es sah aus, als sei er die Leiter hinabgestürzt. Als ich ankam, war der Arzt bereits weg und ich schaute mir die Leiche noch mal an. Dabei fand ich dunkle Spuren an seiner Hand und draußen im Hellen stellte ich bei der Leichenschau fest, dass er sich mit einem Bolzenschussapparat erschossen hatte. Die Wunde war sehr schwer zu sehen, da das Einschussloch durch sein Haupthaar verdeckt wurde. Deswegen nahm der Arzt an, dass die Todesursache der Sturz gewesen sei. Bei einem Suizid kürzlich nahm der Arzt eine Vergiftung durch Tabletten an. Die Leichenflecken des Verstorbenen waren allerdings rot anstelle blau-violett, was für eine CO_2-Vergiftung sprach. Ich konnte dann nachweisen, dass er sein Motorrad im Bad hat laufen lassen. Die Abgase roch man bei unserem Eintreffen nicht mehr, da die Tür bereits eine Weile offen stand. Aber ich will uns nicht freisprechen, wir kriegen bestimmt auch nicht alles mit.

Gibt es ungeklärte Fälle?

Die Aufklärungsquote liegt bei den wenigen Tötungsdelikten, die wir in unserer Region haben, bei weit über 90 %. Findet einer statt, werden sofort die Ermittlungen intensiviert. Falls erforderlich, werden Fachdienststellen eingeschaltet, eine Sonderkommission gebildet oder andere Maßnahmen getroffen, um bei den Ermittlungen schnellstmöglich voranzukommen. Bei dem Autobahnmord waren circa dreißig Kollegen in die Ermittlungen involviert, beim Kannibalenmord von Rotenburg ebenso viele.

Vor 26 Jahren hatten wir einen Fall, der im Nachhinein durch einen DNA-Treffer aufgeklärt werden konnte. Eine junge Frau, 16 Jahre damals, ist im Bereich der ehemaligen US-Kaserne vergewaltigt und erschlagen worden. Zu der Zeit konnten die Täter nicht ermittelt werden. Die Spuren werden aufgehoben, so lange der Fall ungeklärt ist. Nachdem die Möglichkeit der DNA-Tests entdeckt wurde, leiteten wir die Bekleidung des Opfers ans LKA weiter. Sie fanden DNA-Spuren und wir nahmen die Ermittlungen wieder auf. Die Personen, die in dem Bereich des Opfers wohnten, arbeiteten oder anderweitig in Verdacht kamen, schrieben wir mit der Bitte einer freiwilligen DNA-Abgabe an. Unter ihnen befand sich der Täter.

War ihm der Anlass der freiwilligen DNA-Abgabe bekannt?

Ja, er kannte den Grund. Er kam mit seiner Situation nicht zurecht und war nach der Straftat psychisch schwer angeschlagen. Nachdem er den Test gemacht hatte, rechnete er auch damit, dass die Polizei zu ihm kommen würde.

Worin bestand bei den Kannibalen-Ermittlungen Ihre Aufgabe?

Ich habe mit einer Kollegin die ersten Ermittlungen geführt und die ersten Durchsuchungen vor Ort vollzogen, anschließend auch die Vernehmungen. Später fanden wir auch das Fleisch, hatten allerdings Schwierigkeiten festzustellen, ob es sich tatsächlich um menschliches Fleisch handelte. Deswegen brachten wir es zur Gerichtsmedizin. Es dauerte 24 Stunden, bis sie uns Daten liefern konnten, da das Fleisch gefroren war und auftauen musste. Der Täter machte keine konkreten Angaben zu der Tat, und die Beweise hätten zu dem Zeitpunkt nicht ausgereicht. Wir mussten noch einiges auswerten, um den genauen Hergang herauszufinden.

Morgens durchsuchten wir den Tatort, nachmittags vernahmen wir den Verdächtigen und abends mussten wir dem Staatsanwalt mitteilen, dass wir nichts Konkretes vorweisen und den mutmaßlichen Täter nicht länger festhalten können, sonst hätten wir eine Freiheitsentziehung im Amt begangen.

Daraufhin schickten wir ihn nach Hause, und von dort ging er sofort zum Anwalt, um ein Geständnis abzulegen. Wir holten ihn anschließend ab und ich vernahm ihn in der Nacht, während der er mir die tatsächliche Geschichte erzählte. Er war dabei rundum glaubwürdig, verwechselte maximal unabsichtlich ein Datum. Anschließend haben wir noch weitere Beweise wie CDs mit Filmen, die vergrabenen sterblichen Überreste und Kleidungsstücke gefunden.

War das Urteil »Tod auf Verlangen«?

Das ist immer noch nicht vollständig geklärt. Zuerst ist er vom Landgericht in Kassel wegen Totschlag zu 8,5 Jahren verurteilt worden. Das ging dann in die Revision beim Oberlandesgericht in Frankfurt, wo das Urteil auf Mord lautete. Der Rechtsstreit dauert allerdings noch an, da sein Verteidiger auf »Tötung auf Verlangen« plädiert und ein relativ mildes Urteil erzielen will. Derzeit laufen noch Beschwerden beim Bundesverfassungsgericht und dem Europäischen Gerichtshof.

Wie lange dauerte die Vernehmung des Täters von Rotenburg?

Die erste Vernehmung dauerte etwa fünf Stunden und danach hatte ich ihn noch einmal fünf Tage ganztags hier, also insgesamt etwa 50 Stunden.

Wie war das für Sie, mit ihm zu sprechen?

Er war kein üblicher Straftäter, sondern eher ein »lieber Mensch«. Er saß hier und hat mir die Tat geschildert, als hätte ich meinem damals vierjährigen Sohn eine Gute-Nacht-Geschichte erzählt.

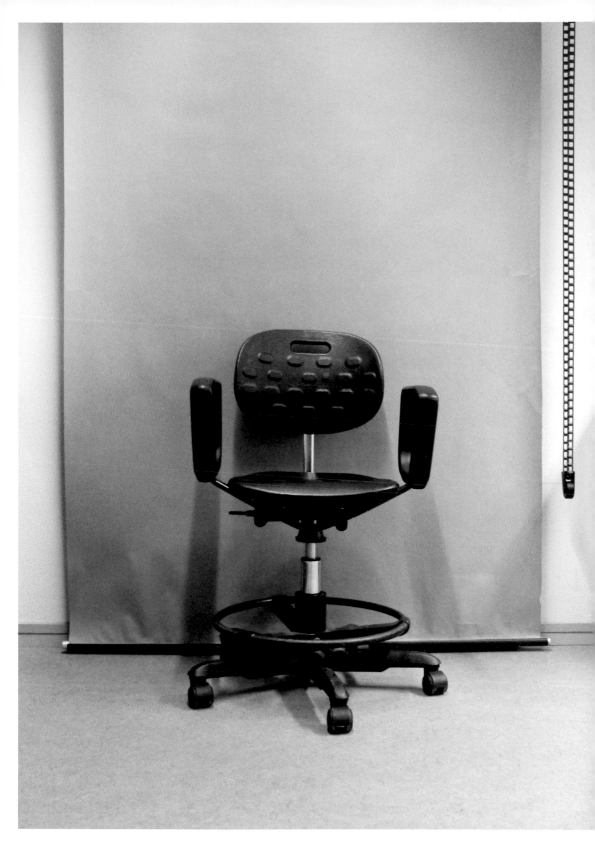

Es war leicht, ihn zu vernehmen: Ich musste kaum Fragen stellen, weil er ein intelligenter Mensch ist und das alles sehr gut geschildert hat. Er hat den Hergang folgerichtig erzählt. Ich musste also eigentlich nur mitschreiben. So etwas Unvorstellbares habe ich aber noch nie gehört! Am nächsten Tag war es auch eigenartig mit den Kollegen. Die sind alle langjährige Kriminalisten und haben im Leben schon viel mitgemacht. Als ich das am nächsten Morgen in der Frühbesprechung erzählte, sahen mich nur fragende Augen an. Ich erlebte Kopfschütteln und bekam Zweifel an meiner Wahrnehmung, als selbst ein guter Kollege zu mir kam und mich fragte, was ich da gerade für eine abenteuerliche Geschichte erzählt hätte.

Weil Ihre Kollegen ein vorgefertigtes Bild eines Psychopathen hatten?

Ja. Sie wollten nicht glauben, dass so ein Mensch diese Straftat begehen konnte. Ich habe ihn etwas kennengelernt und mir ein Bild von ihm gemacht. Deswegen war ich mir absolut sicher, dass er der Richtige ist und außerdem nur einen und nicht mehrere Menschen umgebracht hat. Er hat mir das an dem Tag erzählt und war so froh und stolz, endlich jemandem erzählen zu können, was er gemacht hat.

Wahrscheinlich auch als Entlastung.

Ja, er war dann richtig glücklich, dass er es mal erzählen konnte. Das hatte ihn anderthalb Jahre belastet.

Schreiben Sie bei so einer Vernehmung in erster Linie die Daten auf oder wird auch ein Charakterprofil erstellt und in der Biographie geforscht, wie es zu so etwas kommen konnte?

Das gehört alles dazu. Wir haben von ihm die ganze Lebensgeschichte aufgearbeitet: von der Geburt bis in die Gegenwart, sein Umfeld abgeklärt, Familie, Geschwister, Freunde und Kollegen. Genauso vom Opfer.

Oft stellen wir die Tat auf Video nach. Das wird gemacht, um die Glaubwürdigkeit zu belegen, indem anhand der Aufnahmen die Umsetzbarkeit der Tat verdeutlicht wird. In dem Fall lag aber ein Video vor, auf dem die gesamte Straftat aufgezeichnet war. Die psychologischen Gutachten erstellen dann von der Staatsanwaltschaft beauftragte Fachleute, in dem Fall war es ein erfahrener Psychologe aus der Charité in Berlin. Der Psychologe hat sogar Kontaktpersonen aufgesucht und die befragt, um sich ein Bild über diesen Menschen formen zu können. Es ging ja auch darum, seine Schuldfähigkeit zu prüfen.

Inwiefern unterscheiden sich Vernehmungstechniken bei Beschuldigten und Zeugen?

Ein Beschuldigter ist in keiner Phase des Strafverfahrens verpflichtet, Angaben zum Tatvorwurf zu machen. Wenn er uns nichts sagt, können wir nichts machen. Er hat jederzeit die Möglichkeit, seinen Anwalt zu kontaktieren. Alles, was seiner Entlastung dient, müssen wir aufnehmen und weiterverfolgen. Behauptet er zum Beispiel, zur Tatzeit in den USA gewesen zu sein, müssen wir das prüfen.

Zeugen müssen bei der Polizei grundsätzlich die Wahrheit sagen. Werden nahe Verwandte befragt, können sie von ihrem sogenannten »Zeugnisverweigerungsrecht« Gebrauch machen. War der Zeuge selbst an einer Tat beteiligt, braucht er darüber keine Aussage zu machen. Mit falschen Anschuldigungen zum Beispiel macht er sich jedoch selbst strafbar, worüber wir jeden Zeugen im Vorfeld belehren.

Psychologische Grundkenntnisse sind polizeilicher Ausbildungsinhalt. Vieles habe ich mir aber auch von Kollegen abgeschaut, die mehr Berufserfahrung hatten. Jeder hat seinen eigenen Vernehmungsstil, der auch stark von dem Gegenüber abhängt. Ich lasse mir grundsätzlich erst einmal alles im Zusammenhang erzählen, notiere das, auch wenn ich merke, dass ich angelogen werde. An einem gewissen Punkt sage ich der Person, was aus meiner Sicht alles nicht stimmt. Andere Kollegen hingegen sprechen Lügen direkt an. Sitzt ein Beschuldigter zum wiederholten Male hier, wird er nur noch genau das sagen, was wir ihm nachweisen können. Manchen muss man jede Information aus der Nase ziehen, da sitzt man zwei Stunden hier und hat drei Zeilen aufgeschrieben. Ausgesprochen Rechtskundige oder auch polizeierfahrene Personen sind schwerer zu vernehmen als zum Beispiel vergleichsweise »unerfahrene« Beschuldigte.

Gibt es in Ihrem Berufszweig eine psychologische Betreuung?

Früher ist vorausgesetzt worden, dass die berufliche Belastung einem Polizisten nichts ausmachen darf. Man hatte damit zu leben und beschäftigte einen etwas doch mehr, so trank man abends zwei Bier mehr und die Sache war gegessen. Berufliche Nebenwirkungen musste man eben verkraften. Selbstverständlich nehmen es jedoch nicht alle Kollegen auf die leichte Schulter. Selbst bei den Kollegen, die laut vorgeben, keine Schwierigkeiten zu haben, merke ich bei genauerem Hinterfragen, dass auch ihnen gewisse Dinge sehr nahe gehen. Über manche Fälle wird zwar viel geredet, aber einige Kollegen gestehen sich nicht ein, dass ihnen bestimmte Geschehnisse etwas ausmachen. Ich halte das für verkehrt.

Mit unbekannten Leichen habe ich keine Probleme und kann damit arbeiten. Die können dann auch schon seit zehn Tagen da liegen. Wenn ich allerdings eine Beziehung zu dem Verstorbenen hatte, sei es privat oder dienstlich und insbesondere bei Kindern, ist das ganz anders. An ein Ereignis kann ich mich noch besonders erinnern: Als wir einen acht Tage alten Säugling tot aus dem Haus trugen, nachdem er vermutlich von seiner Mutter umgebracht wurde, war ich sehr betroffen. Vor allem, da ich selber ein Kind in dem Alter zuhause hatte. Verbrannte oder auf dem Schulhof plötzlich verstorbene Kinder nehmen mich auch ziemlich mit.

Ich habe ein Problem, wenn ich mit dem Fahrrad durch die
Region fahre und genau weiß, an diesem Baum hat der Mensch
gehangen, in dem Haus ist jenes passiert. Solche Dinge
brennen sich ins Gedächtnis ein und verschwinden auch nicht.

Seitens der Polizei hat sich die psychologische Betreuung in den letzten Jahren gebessert. Einerseits sind wir auf Vorgesetzte angewiesen, die sich über diese Belange Gedanken machen und an den psychologischen Dienst weiterleiten; gleichzeitig muss aber auch seitens der Kollegen die Bereitschaft dafür bestehen. Ich persönlich bin Radsportler, mir hilft es am meisten, für drei bis vier Stunden allein wegzufahren, um mir meine Gedanken machen zu können. Wenn ich danach ausgepowert nach Hause komme, geht es mir schon eine ganze Ecke besser. Manche Kollegen laufen oder haben andere Strategien, ihren berufsbedingten Stress zu verarbeiten. Glücklicherweise ist die früher weit verbreitete »Neutralisierungsmethode« des Alkoholkonsums extrem rückläufig. Supervision, wie sie in vielen anderen Berufen üblich ist, gibt es bei uns in Einzelfällen. Ein Ansatz wäre eventuell, einmal pro Jahr ein Gespräch über die Leichen und bewegende Ereignisse mit einem Psychologen zu organisieren. Dafür müssten allerdings die Kollegen auch offen genug sein und sich selber eingestehen können, dass sie Probleme mit bestimmten Ereignissen haben. In der Hinsicht macht sich das alte Rollendenken noch bemerkbar, ich würde einen Wandel diesbezüglich begrüßen.

Wahrscheinlich ist ein Schutzmechanismus auch bei Ihnen unumgänglich.

Ja, diese »normalen« Leichensachen weise ich weit von mir. Wenn ich dieses Gebäude verlasse, müssen die vergessen sein. Den Schutz haben wir uns schon aufgebaut, nur die besonderen Geschichten hängen einem länger nach.

Nachdem ich den »Kannibalenfilm« ausgewertet hatte, bin ich aus eigener Initiative zur Kur gegangen. Psychologische Betreuung war ansatzweise vorhanden. Diesbezüglich hätte ich mir mehr Unterstützung gewünscht. Im Rahmen einer Kur und mit viel Sport habe ich das für mich ziemlich aufarbeiten können. Ich habe das sogar soweit verdrängt, dass ich bei Vorträgen darüber wieder in die Akten schauen musste und erst dann kam es langsam wieder. Mittlerweile habe ich den Abstand und kann auch ohne Probleme in die Dokumente schauen.

Erhalten Sie Schulungen, wie Sie Angehörige über einen Todesfall benachrichtigen?

Darauf wird bei der Ausbildung zwar eingegangen, unsere für den Kreis zuständige Polizeipfarrerin hat uns ebenfalls Seminare zu der Thematik angeboten, aber schlussendlich ist jeder Fall anders und die betroffenen Angehörigen reagieren enorm unterschiedlich.

Meine erste Todesnachricht habe ich als Schutzmann in Frankfurt überbracht. Ich fuhr in einen Schrebergarten, übermittelte den Verwandten die Nachricht und plötzlich fingen sie an zu lachen.

Die waren seit Jahren mit dem Mann zerstritten. Recht gewöhnungsbedürftig, als sie freudig sagten: »Ja, endlich!« Zuvor machte ich mir Gedanken, hatte sogar etwas Angst vor dem Treffen, und dann kommt so was. Ganz anders ist es, wenn man Eltern mitteilen muss, dass ihr Kind verstorben ist. Bei dem Jungen damals, der seine Mutter erstochen hat, war es auch nicht einfach. Er war unten in der Zelle, ich habe ihn zu mir hoch geholt und er fragte mich, wie es seiner Mutter ginge … Oder auf einem Hochsitz im Wald verstarb ein Mann und ich bin mit dem Förster zu seiner Frau gegangen. Freudestrahlend kam sie uns entgegen, da der Förster neu war und sie ihn endlich kennenlernen konnte, und dann musste ich ihr sagen: »Setzen Sie sich erstmal.«

Nach Möglichkeit probieren wir, einen Notfallseelsorger herbeizuziehen oder Familienmitglieder zu kontaktieren, damit die nächsten Angehörigen mit der Nachricht nicht allein gelassen werden. Man muss zumindest warten, bis sich die Situation beruhigt hat oder eine andere Person kommt und kann nicht einfach nach fünf Minuten wieder gehen. Das ist keine angenehme Aufgabe, auch wenn mittlerweile etwas Routine eingekehrt ist, fällt es mir trotzdem nicht leicht.

Hat sich Ihr Umgang mit dem Tod durch den Beruf gewandelt?

Man merkt schon, dass sich der eigene Umgang mit dem Tod von dem anderer Menschen unterscheidet. Bei einem Brandfall in einem Dorf kamen zwei Frauen ums Leben. Später nahm ich aus Interesse an einer großen Gedenkveranstaltung teil und dort wurde mir bewusst, dass diese Menschen vor Ort wahrscheinlich ein derartiges Erlebnis nur ein Mal in ihrem Leben haben und davon sehr mitgenommen sind. Die Feuerwehrleute, die in dem Haus gelöscht haben und über die Menschen gestolpert sind, mussten im Anschluss in psychologische Behandlung gehen. Da sie aus dem gleichen Ort stammten, kannten sie die Personen natürlich auch. Und ich bin da ganz routiniert hingegangen, habe die Leichen geborgen und das mit dem Bestatter geregelt. Das hat mir alles nicht so viel ausgemacht, weil ich sie nicht näher kannte.

Der erste Kontakt war für Sie aber dann wahrscheinlich ähnlich prägend?

Das ist klar. Genauso wie die Übermittlung einer Todesnachricht kostet das Herantreten an eine Leiche auch erst einmal Überwindung. Damals bei der Schutzpolizei rief man die Kripo an, wenn eine Person tot vorgefunden wurde. Da habe ich höchstens mal in den Taschen nach einem Ausweis geschaut. Bei der Leichenschau hingegen muss ich jetzt den Verstorbenen entkleiden, anfassen und alles kontrollieren. Findet im Anschluss eine Obduktion statt, fahre ich auch oft mit und habe damit keine Probleme mehr.

In den Ländern, in denen die Todesstrafe noch praktiziert wird, ist die Kriminalität trotzdem nicht geringer. Die Methode des Abschreckens durch harte Strafen scheint demnach nicht zu funktionieren. Wie stehen Sie zu der Todesstrafe?

In unserem Kulturkreis ist sie vollkommen überholt und ich befürworte die Distanzierung von solchen Methoden. Berufsverbrecher wie in den USA oder die Mafia in Italien gibt es bei uns weniger. Zwar besteht schon eine Form der organisierten Kriminalität, aber bei Weitem nicht in dem Ausmaß.

Wenn jemand für zwanzig Jahre in Haft ist, fallen täglich Kosten an. Die Strafgefangenen kosten der Allgemeinheit definitiv einen Haufen Geld. Man könnte es sich einfach machen und das Problem mit der Todesstrafe lösen.

Letztlich wird es Verbrechen aber immer geben und die können wir auf diese Weise auch nicht verhindern. Krankhafte Menschen, die durch Eifersucht imstande sind, jemanden zu töten, gibt es nun einmal in unserer Gesellschaft, und die werden durch die Todesstrafe auch nicht davon abgehalten. Und für Unkurierbare wie zum Beispiel mehrfache Sexualstraftäter gibt es immer noch die Sicherungsverwahrung. Aus gewissen Einrichtungen kommen sie nicht mehr raus und können von dort aus nichts mehr anstellen. Bei Straftätern, die bereits drei Frauen vergewaltigt haben, könnte man natürlich sagen, den brauchen wir nicht mehr in unserer Gesellschaft, und die Todesstrafe verhängen. Aber ich glaube, in unserer Kultur sollten wir da darüberstehen, mit solchen Menschen müssen wir leben und auch die Kosten tragen. Man muss auch an die unschuldig Verurteilten denken.

Kamen Sie schon in die Situation, von Ihrer Schusswaffe Gebrauch machen zu müssen?

Die Polizei schießt zwar mehrfach im Jahr, aber glücklicherweise nur zum Üben. Tatsächlich schießen die wenigsten während eines Einsatzes, das sind einstellige Prozentzahlen. Ich war jahrelang in einer Spezialeinheit und selbst in der haben nur etwa 10 % Gebrauch von ihrer Waffe gemacht. Ich habe in einem Fall auch schon geschossen. Es handelte sich um einen zweifachen Mörder, der bei der Festnahme mit zwei Schusswaffen aus dem fahrenden Fahrzeug flüchten konnte. Er sprang raus und ich wollte auf ihn schießen. Dann sprang mir allerdings ein Kollege dazwischen und ich schoss in die Luft. Die Kollegen trafen ihn jedoch. Die Verletzung war lebensbedrohlich. Das war nach einem langen Nachtdienst morgens um sieben Uhr. Meine beiden Kollegen, die auf ihn geschossen haben, erhielten im Anschluss auch psychologische Betreuung.

Was sagen Sie zu dem Satz »Schlichtung hat Vorrang vor Strafverfolgung« im Hinblick auf den Täter-Opfer-Ausgleich?

Bei einem Raubüberfall, Mord oder Totschlag müssen wir ermitteln. Was der Staatsanwalt letztlich daraus macht, ist eine andere Frage. Wir sind Hilfsbeamte der Staatsanwaltschaft.

Es gibt natürlich besondere Fälle: Eine seit fünf Jahren im Koma liegende Frau sollte auf Wunsch der Angehörigen sterben. Das wurde versucht mit Hausarzt und gerichtlicher Genehmigung förmlich umzusetzen. Diese Möglichkeit besteht aber in Deutschland nicht offiziell. Anfänglich war die Einrichtung, in der die Frau lag, damit einverstanden, als jedoch die Heimleitung davon erfahren hat, wurde die Genehmigung zurückgezogen.

Daraufhin hat die Tochter den Versorgungsschlauch durchgeschnitten. Und ich musste dann, obwohl es mir wirklich leid tat, sie als Beschuldigte eintragen und vernehmen.

Und wie steht es mit der eigenen Angst vor dem Tod?

Die Konfrontation mit dem Tod innerhalb meines Berufes lässt mich persönlich »bewusster« leben. Wenn man beispielsweise an der Arbeit Probleme mit Vorgesetzten oder Kollegen hat, wird einem schnell klar, dass es Wichtigeres im Leben gibt: dass man das Leben genießen sollte, solange man gesund ist, da es sehr schnell vorbei sein kann. Auch habe ich einen ganz anderen Blickwinkel für Suizidfälle. Dadurch, dass ich damit so häufig in Berührung komme, habe ich Verständnis für die Verzweiflung dieser Menschen, sehe aber gleichzeitig, welche Trauer sie in ihren Familien hinterlassen.

Landeskriminalamt, 7. Mordkommission
Berlin

Uwe Isenberg war nach seinem Abitur zwei Jahre als Reserve-
offizier bei der Bundeswehr. Von 1988 bis 1991 studierte er an
einer Fachhochschule Verwaltung und Rechtspflege.
Seit 17 Jahren arbeitet Uwe Isenberg bei der Mordkommission
in Berlin und ist heute Kriminalhauptkommissar und
stellvertretender Leiter der 7. Mordkommission.

Jörg Dessin, Kriminaloberrat, studierte nach seinem Abitur
an der Fachhochschule für Verwaltung und Rechtspflege in Berlin.
Während seiner Ausbildung für den gehobenen Dienst wurde er
in verschiedenen Bereichen der Berliner Kriminalpolizei eingesetzt. Von 1991 bis 2006 arbeitete er im Bereich Bekämpfung
der Wirtschaftskriminalität, daneben war er auch Leiter der
»Ermittlungsgruppe Bankgesellschaft Berlin«. Seit Herbst 2006
ist er Leiter des Morddezernats in Berlin.

Im Gegensatz zu Derrick passieren Tötungsdelikte bei uns leider nicht nur in Einfamilienhausgegenden, wo man eine schöne Auffahrt hat.

Was waren Ihre Beweggründe, bei der Mordkommission zu arbeiten?

U.I.: Ich hatte grundsätzliches Interesse an der Polizeiarbeit und wollte auch schwere Kriminalität bearbeiten. In erster Linie war es für mich ein spannender Beruf, viel weiter habe ich in meinem damaligen Alter nicht darüber nachgedacht. Ich war ein Bundeswehrkind und selbst bei der Bundeswehr, von dort war ich Befehl und Gehorsam gewohnt, was natürlich bei der Polizei nicht so extrem ist. Deswegen hatte ich aber keinerlei Bedenken, bei einer Behörde zu arbeiten. Mit 21 Jahren war es für mich natürlich auch aufregend, in Berlin anzufangen. Die Mauer stand noch, ich löste mich aus meinem Elternhaus und fing ein vollkommen neues Leben an.

Innerhalb meiner dreijährigen Fachhochschulausbildung absolvierte ich dann Praktika auf verschiedenen Dienststellen. So bekommt man einen kleinen Überblick über die Bereiche und weiß, was man später vielleicht gern machen möchte. Ob man dann tatsächlich dort hinkommt, ist eine andere Frage. Ich hatte damals das Glück, in einem Kommissariat verwendet worden zu sein, welches für ungeklärte Todesursachen und Körperverletzungen mit Todesfolge zuständig war. Dort hatte ich meinen ersten Kontakt zu Leichensachen. So entstanden auch innerhalb meiner Lehrjahre Kontakte zur Mordkommission. Als 1992 hier eine Stelle frei wurde, bewarb ich mich.

Wie läuft bei Ihnen ein gewöhnlicher Arbeitstag ab?

U.I.: Der Tagesablauf hängt natürlich davon ab, was los ist. Von den sieben Mordkommissionen, die wir in Berlin haben, hat immer eine 24 Stunden Bereitschaft. Diese Mordbereitschaft kann bis zu 14 Tage dauern, je nachdem, wie viele Delikte geschehen oder ob eine ungeklärte Sache dabei ist. Innerhalb der Bereitschaft ist mein Tagesablauf nicht wie gewöhnlich, sondern richtet sich nach den Tötungsdelikten. Wenn das Telefon klingelt, muss ich zu jeder Zeit entweder zum Tatort oder zur Dienststelle fahren. Nach der Bereitschaft werden erst einmal die aktuellen Fälle bearbeitet. Das bedeutet auch keinen regelmäßigen, sondern bedarfsorientierten Dienst. Während des normalen Dienstes wird erst einmal besprochen, was anliegt. Das können beispielsweise Vernehmungen oder Durchsuchungen sein. Letztere beginnen meist ganz früh zwischen sechs und sieben Uhr morgens.

Muss es tatsächlich immer zu einem Mord kommen, damit Sie eingeschaltet werden?

J. D.: Nein, wir behandeln auch versuchte Tötungsdelikte, ärztliche Behandlungsfehler mit Todesfolge oder Katastrophen. Bei einem Unfall mit dreißig Toten wären wir beispielsweise auch in die Leichenidentifikation und Bearbeitung eingebunden. Das beschränkt sich also nicht nur auf das klassische »Messer steckt im Rücken und wir fahren hin«, sondern ist ein weitgefächerter Bereich.

Mit wie viel vollendeten Tötungsdelikte haben Sie es jährlich in Berlin in etwa zu tun?

J. D.: Wir bearbeiten 100 bis 120 Tötungsdelikte im Jahr. 40 % bis 60 % sind vollendete und dementsprechend etwa 50 % versuchte Tötungsdelikte. Statistisch sind das etwa 10 % der bundesweiten Tötungsdelikte. In Berlin liegt also die Zahl im Vergleich zu anderen Großstädten nicht höher.

In Ihren Pressemitteilungen habe ich von mehreren unaufgeklärten Tötungsdelikten aus den Jahren 2005 und 2006 gelesen. Ist es schwieriger, in der Großstadt zu ermitteln?

J. D.: Unsere Aufklärungsquote liegt auch bei über 90 %. 2007, und ich denke auch 2008, haben wir alle vollendeten Tötungsdelikte aufgeklärt, zwei Versuche sind offen geblieben.

Ich glaube, es ist schwierig abzuwägen,
ob die Aufklärung auf dem Land oder in der
Großstadt schwieriger ist. Man muss
jeweils mit unterschiedlichen kriminalistischen Methoden herangehen.

Natürlich kann ein Täter in der Großstadt die Anonymität nutzen. Vorteil des dichten Ballungsraumes einer Stadt ist aber umgekehrt für uns, dass im öffentlichen Bereich Videoüberwachung besteht. Die ist zwar nicht flächendeckend, aber in den öffentlichen Verkehrsmitteln, Banken und bestimmten Geschäften vorhanden. Im ländlichen Bereich fallen dafür natürlich eher fremde Fahrzeuge auf und es gibt unter Umständen Zeugen: »So ein Auto habe ich hier in der Straße noch nie gesehen. Warum ist jetzt so ein Auto da?« Ein wesentlicher Unterschied zwischen uns und den meisten Flächenstaaten ist, dass wir hier mit sieben festen Mordkommissionen arbeiten. Im ländlichen Bereich hingegen wird in der Regel erst dann eine Mordkommission aus Kriminalbeamten zusammengestellt, wenn tatsächlich ein Tötungsdelikt vorgefallen ist. Das passiert möglicherweise alle paar Jahre einmal.

Bestätigen sich die von den Medien dargestellten Brennpunkte der Stadt?

J. D.: Die Verteilung ist relativ gleichmäßig. Natürlich hat die Stadt Bereiche, die dichter besiedelt sind. Wo mehr Menschen zusammensitzen, gibt es auch mehr Taten. Es besteht jedoch keine Signifikanz, so dass sich sagen ließe, sozialer Brennpunkt wäre zum Beispiel Neukölln. Im Gegensatz zu Derrick passieren Tötungsdelikte bei uns leider nicht nur in Einfamilienhausgegenden, wo man eine schöne Auffahrt hat. Das ist sehr selten, kommt aber natürlich auch vor.

Zählen Selbstmorde auch zu Ihrem Aufgabenbereich?

J. D.: Selbsttötung bearbeitet der örtliche Bereich. Es sei denn, derjenige hat vorher zum Beispiel seinen Partner getötet. Sobald eine Tötung durch fremde Hand vorliegt, fällt das in unsere Zuständigkeit. In solch einem Fall nennt man das einen »erweiterten Suizid«, wobei die Polizei diesen Begriff ungern benutzt. Aus dem einfachen Grund, weil bei diesen Familientragödien die Selbstmordabsicht häufig nur von dem Täter ausging. Er wollte seinem Leben vielleicht aus Gründen wie Arbeitslosigkeit oder Krankheit ein Ende setzen und meinte, über das Leben seiner Familienangehörigen mitentscheiden zu können. In den seltensten Fällen liegen einvernehmliche Erklärungen von allen Beteiligten vor. Deswegen hört man auch oft: »Vater bringt seine Kinder um, die Frau versucht daraufhin zu flüchten und wird auch tot aufgefunden.« Eine angemessenere Beschreibung ist demnach »Tötung mit anschließender Selbsttötung«.

In den Medien sind vor einigen Jahren die Ehrenmorde in Berlin häufig thematisiert worden. Inwiefern unterscheiden sich diese Morde von anderen Familientragödien mit tödlichem Ausgang?

J. D.: Gewaltstraftaten unter Familienangehörigen oder innerhalb von Beziehungen nennen wir »häusliche Gewalt«. Zu diesem Teilbereich gehören auch Ehrendelikte.

Aber wenn zum Beispiel ein muslimischer Ehemann mit einer deutschen Ehefrau der Meinung ist, dass nach der Trennung seine Frau von keinem anderen mehr angesehen werden soll und ihr deswegen das Gesicht zerschneidet oder gar eine versuchte oder auch vollendete Tötung begeht, dann ist das im Grunde ein klassisches Eifersuchtsdelikt. Die gibt es bei Deutschen ohne muslimischen Hintergrund auch, nur da taucht das Wort »Ehre« in dem Sinne nicht auf. Sobald der Täter jedoch Muslim ist, wird von der Presse sehr gern der Begriff des Ehrenmords verwendet.

Was nicht vergessen werden sollte und auch ein wenig in die Richtung geht, sind arabische und türkische Großfamilien, die sich untereinander auch nicht alle Freund sind. Die sind teilweise in Kriminalitätsbereiche verstrickt, die man früher als Bandenkämpfe oder Territoriumskämpfe bezeichnet hätte. Auch hier gibt es Streitereien, die manchmal mit Ehrendelikten vermischt werden.

Darüber hinaus gibt es aber natürlich Fälle, bei denen die Ehrverletzung der Familie eindeutig eine Rolle spielt. Der erste bundesweit herausragende Fall war »Sürücü« im Jahre 2005, der in der 7. Mordkommission von Herrn Isenberg bearbeitet wurde. Die 16-jährige Türkin Hatin Sürücü wurde mit einem Cousin in Istanbul verheiratet und bekam ein Kind von ihm. Sie entschloss sich, mit dem Kind in ihre Heimatstadt Berlin zurückzukehren, und baute sich ein eigenes Leben auf. Daraufhin wurde sie hier mit 23 Jahren von ihren Brüdern durch Kopfschüsse getötet. Die gesamte Familie konnte die Lebensweise der jungen Türkin nicht verstehen. Nach ihrem Verständnis war die Ehre der Familie befleckt und konnte erst nach dem Tod der Betreffenden wieder hergestellt werden. Diese Gewalttaten werden häufig von Vätern oder Brüdern begangen und sind dann tatsächlich klassische Ehrendelikte.

Im Verhältnis zu den Eifersuchtstaten ist die Zahl der Ehrenmorde also nicht so hoch?

U.I.: Klassische Ehrendelikte kommen relativ selten vor. Verschwiegen werden dürfen sie aber auch nicht, weil sie in Berlin schon eine gewisse Rolle spielen. Wir müssen damit aber keineswegs monatlich oder jährlich umgehen und eine Zunahme hat mit Sicherheit nicht stattgefunden, eher eine Abnahme.

Das FBI unterscheidet zwischen organisierten und desorganisierten Tätern. Nach welchen Kriterien klassifiziert die deutsche Kriminalpolizei?

J.D.: Natürlich gibt es auch bei uns die Auftragstat, bei der ein organisierter Täter das als Dienstleistung anbietet und jemand dieser Person einen Auftrag erteilt, um sich die Hände nicht selber schmutzig zu machen. Schwerpunkt bei uns sind aber Tötungsdelikte, bei denen keine geschäftlichen Hintergründe bestehen, sondern es sich um Gewalteskalationen handelt. Zwischen den Personen bestehen Vorbeziehungen, Streitereien schaukeln sich hoch und so kann es zur klassischen Affekttat kommen: »Ich nehme das nächste Messer und steche im Streit zu, weil mein Ehepartner mich geschlagen hat.« Damit wären wir beim Totschlagsdelikt, der aus dem Affekt heraus geschieht. Oder es gibt die Taten, bei denen ein Streit soweit eskaliert, dass eine Person ein Feindbild hat und erst dann zur Ruhe kommen kann, wenn sie die Person umgebracht hat. Sie lauert der Person heimlich auf, wenn sie die Wohnung verlässt, oder besucht sie in ihrer Wohnung und bringt sie dann um. Da die Vorgehensweise geplant ist, ist die Tat in dem Sinne schon organisierter. Strafrechtlich bestehen hierfür entsprechende Mordmerkmale und die Ahndung ist höher. Tatsächlich organisierte Gruppen gibt es eher selten.

2006 wurde im Monbijou-Park die mumifizierte Leiche einer Frau entdeckt, die sich als eine seit 1992 vermisste Person herausstellte. Es scheint verwunderlich, dass im zwar damals anders strukturierten, aber doch recht zentral gelegenem Stadtgebiet eine Person unbemerkt verscharrt werden konnte. Konnten Sie viele Delikte der ferneren Vergangenheit im Nachhinein durch verbesserte technische Möglichkeiten wie etwa DNA-Tests aufklären?

J.D.: Das Interessante bei der Frau aus dem Monbijou-Park ist, dass sie bei dem damaligen Umbau des Parks gefunden wurde. Dies muss bei den Ermittlungen berücksichtigt werden. Selbst wenn eine Leiche von 1992 heute gefunden wird, ist oft noch Dreck unter den Fingernägeln. Eventuell hat sich die Bekleidung noch nicht vollkommen zersetzt, sofern sie im Erdreich nicht zu viel Feuchtigkeit ausgesetzt war.

U.I.: Es kommt bei der Mordkommission circa alle zwei Jahre vor, dass eine alte Spur »aufgeht«. Die entdeckte Spur wird automatisch mit anderen eingegebenen Spuren und allen erfassten Personen abgeglichen. Dadurch können wir mögliche Tatzusammenhänge erkennen, ob beispielsweise schon einmal mit der gleichen Waffe geschossen wurde. Die große Schwierigkeit besteht allerdings darin, dass selbst wenn wir Finger- oder DNA-Spuren haben, die Person auch als Vergleichsperson zur Verfügung stehen muss. Kommt diese Person aber erst zu einem späteren Zeitpunkt in eine Datei, kann sie natürlich auch dann erst identifiziert werden. Wir können also nur einen Treffer erzielen, wenn die Person tatsächlich gespeichert ist.

Als die DNA-Identifikation eingeführt wurde, gab es
natürlich mehr Treffer. Im Moment stagniert das
so ein bisschen, weil jetzt die meisten Alttaten schon
abgearbeitet sind.

> *J. D.:* Das Problem bei den alten Taten ist auch, dass damals noch keiner an DNA
> gedacht hat und Kriminaltechniker oder Gerichtsmediziner Handschuhe eventuell
> an mehreren Tatorten benutzt haben. Das heißt, sie sind unter Umständen zu ei-
> ner Leiche gefahren und haben noch am gleichen Tag mit den gleichen Handschu-
> hen eine weitere Leiche untersucht und somit Spuren übertragen. Zu dem Zeit-
> punkt bestand der Selbstschutz nur darin, keine Fingerabdrücke zu hinterlassen.
> Wir müssen also auch rekonstruieren, welche Einsatzkräfte der Schutzpolizei, Feu-
> erwehr, Notärzte etc. zum damaligen Zeitpunkt am Tatort waren. Für gewöhnlich
> ist das in einem Bericht festgehalten, aber die Vollständigkeit muss auch überprüft
> werden. Das ist zum Teil ein riesiges Aufgabengebiet.

Wenn wir heute eine DNA-Spur feststellen, ist es nicht zwingend, dass sie vom Täter ist. Es sei denn, sie ist so gesetzt, dass sie nur vom Täter stammen kann. Aber eine Hautschuppe auf dem Opfer kann sich damals genauso im Labor dazugemischt haben oder vom Notarzt gefallen sein, als er sich über das Opfer gebeugt hat.

Die heutigen kriminaltechnischen Möglichkeiten führen leider auch dazu, dass unsere Ermittlungen durch die Vielzahl an Spuren aufwändiger werden.

Wie lange werden Spuren aufgehoben, wenn ein Fall ungeklärt ist? Wo ist dieses Archiv und wie groß darf man sich das vorstellen?

J. D.: Unterschiedlich. Mord verjährt nicht und wenn der Täter nicht gefasst wird, bleiben auch die Beweismittel, wir nennen sie Asservate, in behördlichem Besitz. Wir haben eine große Kriminaltechnik im Landeskriminalamt Berlin und dort sind die ganzen Spurenträger, die dort auch ausgewertet werden. Ob das nun die Opferbekleidung ist, an der DNA-Spuren sein können, oder eine Tatwaffe. Nach ein paar Jahren, wenn die Tat nicht aufgeklärt wird, werden diese Beweismittel zur Staatsanwaltschaft geschickt. Die Asservate werden dort in einem zentralen Lager aufbewahrt und können bei Bedarf, wenn es zum Beispiel neue Technologien gibt, abgelangt werden. Für Computer und Ähnliches gibt es auch eine zentrale Stelle im LKA, wo so etwas ausgewertet wird. Normalerweise wird in Festplatten aber hier erst einmal reingesehen. Es stehen auch noch Spuren und Beweismittel bei uns in den Regalen, um sie unter Umständen noch einmal bestimmten Zeugen zu zeigen.

Die Zahl der Tötungsdelikte ist in den vergangenen Jahrzehnten gesunken. Im Gegensatz dazu nimmt jedoch die Qualität der Gewaltverbrechen zu. Dies scheinen doch gegenläufige Tendenzen zu sein?

J. D.: Die Zahlen gehen tatsächlich ein wenig runter. Ein Erklärungsansatz könnte sein, dass es Bereiche gibt, in denen sich Polizei und andere Behörden mehr engagieren, als das früher der Fall war. »Häusliche Gewalt« wäre so ein Beispiel: Für Frauen, sie sind in der Regel Opfer solcher Gewalt, gab es früher kaum Hilfsangebote. Zwar gab es vielleicht Frauenhäuser, aber jeden Abend kam ihr Mann wieder alkoholisiert von der Arbeit nach Hause und hat weitergeprügelt. Sie hatte also kaum eine Chance. Mittlerweile gibt es rechtliche Instrumentarien, mit deren Hilfe man beispielsweise dem schlagenden Ehemann richterlich verbieten kann, die gemeinsame Wohnung zu betreten. Zudem werden Vereine und Institutionen, die diese Opfer betreuen, stark propagiert. Wir haben eben über das Thema Ehrendelikte gesprochen … Wenn sich beispielsweise Streitigkeiten zwischen verschiedenen Ethnien entwickeln, versuchen wir auch einzugreifen. Kommt es etwa zu Morddrohungen, dann werden bestimmte Vermittler eingeschaltet. Wir sprechen mit jemandem aus dem Kulturkreis oder auch Moscheevereinen. Diese können dann intervenieren, so dass die Gewalteskalation verhindert wird und es gar nicht bis zum Äußersten kommen muss.

U.I.: Ein wesentlicher Punkt ist auch, dass es heute für einen Täter ein weitaus höheres Risiko ist, eine organisierte Tat zu begehen. Durch die Medien erfährt man ja, welche kriminaltechnischen Möglichkeiten mittlerweile bestehen. In dem Moment, wenn ein Messer gezogen wird und eine Gewalteskalation entsteht, kommt das vielleicht nicht zum Tragen. Aber ich denke, bei geplanten Taten mit einer entsprechenden Vorbereitung überlegt sich ein Täter schon eher, ob er so etwas nun macht oder nicht.

Schauspielern Sie bei der Vernehmung von Beschuldigten auch?

J.D.: Geschauspielert wird in dem Sinne nicht. Aber wir kennen natürlich die Charaktere unsere Kollegen und berücksichtigen das auch in der Zusammenstellung. Bei der Vernehmung sind immer zwei Beamte im Raum. Handelt es sich um einen Sexualstraftäter, wird natürlich in der Regel keine Frau bei der Vernehmung dabei sein, weil der Täter wahrscheinlich ein vorbelastetes Verhältnis zum weiblichen Geschlecht hat. Wenn wir junge Beschuldigte hier haben, wählen wir natürlich auch keinen Kollegen, der wenig Verständnis für ihre Sprache und Attitüde hat, sondern jemanden, der eher einen Draht zu diesen Personen findet. Die Wahl des Vernehmenden ist also auch eine strategische Frage.

U.I.: Wichtig bei der Vernehmung eines Beschuldigten ist auch, sich als Beamter seine Schilderungen erst einmal wertfrei anhören zu können. Selbst wenn uns ein Beschuldigter eine Tat schildert, die wir persönlich abscheulich und unmenschlich finden, dürfen wir uns das zumindest während der Vernehmung nicht anmerken lassen. Natürlich kann es dabei auch zu Situationen kommen, wo man an seine persönlichen Grenzen stößt.

Welche Erkenntnisse und Fähigkeiten setzen Profiler heute ein, um Täterprofile zu erstellen? Wie kann man sich die Herleitung der Persönlichkeit des Täters über sein Tatortverhalten vorstellen?

U.I.: Wenn wir einen Täter gern analysiert haben möchten, nutzen wir das Wissen entsprechender Spezialisten, die wir haben. Dies ist aber in den seltensten Fällen notwendig, weil die meisten Fälle innerhalb der ersten Tage aufgeklärt werden. Wir haben eigene Einschätzungen und arbeiten mit unserer menschlichen und beruflichen Erfahrung. Alle Ermittlungen, die in den ersten Tagen zusammengeführt werden, ergeben ein Bild: Was ist vor Ort passiert? Wie hat sich der Täter verhalten? Was hat er unter Umständen getan, was er nicht hätte tun müssen? Viele Punkte führen zu einer Persönlichkeitsanalyse, die kann natürlich jeder anders sehen, auch jeder Kriminalbeamte. Deswegen sitzen wir meistens in Besprechungsrunden zusammen und versuchen den Tathergang zu analysieren.

Entsprechende Spezialisten machen dann aber die operativen Fall- und Täteranalysen, da das schon ein komplexeres Gebiet ist. Dazu kommt es jedoch meist erst, wenn wir manchmal Tage, Wochen oder gar Monate an einem Fall gearbeitet haben und nicht weiterkommen. In solch einer Situation kann es hilfreich sein, von einer anderen Dienststelle ein unabhängiges Urteil einzuholen.

Welche Ausbildung haben diese Fallanalytiker?

J. D.: Bei der operativen Fallanalyse sind das Kriminalbeamte. Meistens sind es Mitarbeiter, die aus dem Morddezernat oder der Bekämpfung von Sexualdelikten stammen. Das sind die Bereiche, in denen derartige Fallanalysen gemacht werden. Erfahrungswissen spielt eine große Rolle:

Man muss schon einmal Tatorte gesehen
haben, um ableiten zu können,
wie sich ein Täter dort verhalten hat.

Auch muss der Spezialist mit den unterschiedlichen Täterpsychologien und -profilen vertraut sein. Dafür gibt es entsprechende Lehrgänge, in denen sie neben ihrem Erfahrungswissen zusätzlich geschult werden. Ein Fall, der groß durch die Presse gegangen ist und auch unter Mitwirkung der Fallanalytiker aufgeklärt worden ist, war die Tötung der achtjährigen Michelle aus Leipzig. Neben den Beamten aus Nordrhein-Westfalen waren auch unsere Analytiker vor Ort. Sie sehen sich die Ermittlungen noch einmal an und geben dann immer noch ein paar gute Hinweise: »Nach den Erfahrungen und statistischen Auswertungen müsste der Täter eigentlich aus dem Umfeld stammen. Da könnte man mal genauer gucken. Macht mal DNA-Massenspeichertests etc.«

Arbeiten Sie auch mit Psychologen zusammen?

J.D.: Wir haben in unserem Haus die Besonderheit, dass wir eine eigene Psychologin haben, die auch eingebunden werden kann. Sie arbeitet bei der Opferbetreuung, mit traumatisierten Familien und ist sehr hilfreich, um uns den Zugang zu ermöglichen. Dahinter steckt die Problematik, dass wir unmittelbar nach Bekanntwerden des Tötungsdelikts auch immer wieder Ermittlungen im Umfeld des Opfers machen müssen. Um dabei behutsam und fachgerecht vorgehen zu können, haben wir eben die Möglichkeit, uns jederzeit einer Psychologin zu bedienen. Es ist natürlich auch für die eigenen Mitarbeiter schön, dass eine vertraute Psychologin hier im Hause ist.

Wie lange ist die Psychologin schon hier im Haus?

U.I.: Seit circa 1993 ist immer eine Psychologin hier gewesen. Unsere jetzige Psychologin Frau Strauß ist schon seit elf Jahren hier.

J.D.: Das ist ein Fulltime-Job. Ein Mädchen wird beispielsweise seit 2006 vermisst. Das Schicksal dieses Mädchens ist noch nicht geklärt. Es ist spurlos am helllichten Tag verschwunden und keiner weiß, wo es ist. Wir kriegen immer wieder Presseanfragen oder es gibt neue Ermittlungsanhalte. Hier ist es Aufgabe unserer Psychologin, den Kontakt über diesen langen Zeitraum zur Familie zu halten und sie zu betreuen. Wir ermitteln natürlich weiter und wenn wir dann bei neuen Hinweisen zu dieser Familie kommen und ihnen Fragen stellen müssen, wird das Verschwinden der Tochter immer wieder von Neuem hochgespült und die Familie hat wenig Ruhe. Aber wir müssen natürlich fragen, ob ihnen Personen etc. bekannt sind. Dann ist eine psychologische Unterstützung eine riesige Hilfe in unserer Arbeit.

Ist sie dann auch bei der Übermittlung von Todesnachrichten dabei?

U.I.: Manchmal. Aber wir nehmen auch häufig Notfallseelsorger in Anspruch, die über Polizeiabschnitte sofort angefordert werden können. Die Psychologin wäre überfordert, wenn sie all diese Termine wahrnehmen müsste, und wird deswegen meistens nur in Fällen kontaktiert, wenn wir für uns selber mit Problemen rechnen.

J.D.: Das klingt vielleicht ein wenig hart, aber eine taktische Abwägung spielt hierbei auch eine Rolle:

Wir lassen die Schreckensnachricht lieber erst einmal von einem Notfallseelsorger überbringen, dafür sind sie hervorragend geschult und ausgebildet. So können wir bei dem, was danach kommt, also der Ermittlung des Falls, besser mit unserer Psychologin arbeiten. Auf diese Weise verbinden die Angehörigen nämlich nicht das Gesicht der Psychologin mit dieser Nachricht. Sonst wäre immer der Schreck da: »Jetzt ist die Frau wieder hier, die uns die Todesnachricht überbracht hat.« Mit ihr kommt dann ein neues Gesicht, zu dem man Vertrauen haben kann.

Laut eines Rechtsmediziners werden in Berlin Verstorbene des Öfteren erst nach längerer Liegezeit in ihren Wohnungen entdeckt. Haben Sie ähnliche Erfahrungen gemacht, die Rückschlüsse auf die Anonymität einer Großstadt erlauben?

J.D.: Bei Tötungsdelikten, die in der Öffentlichkeit passieren, bleiben Leichen selten länger liegen. Es kam aber bereits vor, dass wir in Häuser hineingegangen sind und schon unten an der Hauseingangstür gerochen haben, dass ein Toter im Haus liegt. Und das seit einigen Wochen, obwohl in dem Haus Leute gewohnt haben, die eigentlich davon hätten etwas mitbekommen müssen. Keiner hat sich Gedanken gemacht, dass dort eine Leiche verwest! Es gab sogar Fälle, wo Verstorbene erst nach mehreren Jahren in der Wohnung gefunden wurden. Oft sind das getrennt lebende Menschen ohne soziales Umfeld, Alkoholiker oder vereinsamte Alte, deren Familien woanders leben. Die Rente kam weiterhin, per Einziehungsverfahren wurde die Miete bezahlt, Strom ebenso. Heutzutage muss man auch nicht unbedingt in die Wohnungen, um den Zähler abzulesen, weil das vielerorts zentral gemacht wird. Das heißt, alles läuft seinen regulären Gang. Selbst wenn der Briefkasten überquillt, wird das oft nicht registriert, weil sich keiner darum kümmert oder verantwortlich fühlt. Es fällt also weniger auf, wenn jemand stirbt. Sogar dahingehend, dass bei einem Obdachlosen, der mit seinem Flachmann daliegt, keiner schaut, ob er noch lebt oder schon tot ist.

In Kleinstädten, wo es eine höhere Sozialkontrolle gibt, würde das nicht so ohne Weiteres passieren. Das sind schon Tendenzen einer Großstadt.

Vorteil ist aber, dass wir es im Morddezernat bei Tötungsdelikten meistens mit Beziehungstaten zu tun haben. Das heißt ja auch: Es bestehen noch Beziehungen!

Und es überwiegt die Zahl der Fälle, dass noch jemand feststellt, wenn eine Person lange nicht mehr angerufen hat.

U. I.: Wir hatten auch schon Fälle mit Betrugsabsichten: Eine alte Dame ist eines natürlichen Todes gestorben. Der Arzt hat den Tod festgestellt, ihr Sohn war dabei. Danach hat der Sohn seine Mutter 18 Jahre lang in einer Überseekiste im Keller versteckt und entsprechend lange auch die Rente kassiert. Das hat aber auch nichts mit der Großstadt zu tun, sondern ist dann eher kriminelle Energie. Bei Tötungsdelikten habe ich es seit 1992 nur bei zwei oder drei Fällen erlebt, dass eine Leiche wirklich schon sehr lange unentdeckt blieb.

Was hat sich bei Ihnen durch Ihren Beruf im Umgang mit dem Tod geändert?

U. I.: Es hängt sehr vom Opfer und dem Fall ab, ob ich mich damit auch persönlich beschäftige. Mich belasten Tötungsdelikte mit Kindern und auch Polizisten. Da treffe ich auf meine Grenzen. Ansonsten kann ich damit relativ sachlich umgehen. Unser großer Vorteil ist, dass wir an Opfer herankommen, die wir vorher nicht gekannt haben. Der persönliche Bezug ist in der Regel nicht da. Ganz anders war es beispielsweise bei einem Fall 1997:

Ein Mädchen war im Oktober verschwunden.
Innerhalb der Ermittlungen habe ich ihr gesamtes
Umfeld kennengelernt: ihre Eltern, die Schule
und ihre Mitschüler. Wir haben alle gehofft,
dass sie noch lebt. Nach vier Monaten wurde sie
in einem anderen Bundesland tot aufgefunden.
Wenn man dann die Leiche sieht, dazu noch
ein Kind, nimmt einen das mit. Gar keine Frage.

Bei Weitem mehr als bei einem aktuellen Tötungsdelikt, wo ich auch die Angehörigen nicht kenne. Das ist sehr persönlichkeitsabhängig. Aber wir haben alle Möglichkeiten der Betreuung, die in den seltensten Fällen wahrgenommen wird, weil die meisten eigentlich sehr sachlich und professionell an die Sache herangehen. Wir thematisieren das auch alles in unseren Besprechungsrunden.

Bei mir hat sich in den Jahren auch der Respekt vor Waffen verändert. Für mich ist selbst ein Küchenmesser, das auf dem Tisch liegt, eine potentielle Mordwaffe. Deswegen gehe ich damit sehr respektvoll um. Früher als Kind hat man mit einem Taschenmesser ganz locker rumgespielt. Alle Eltern sagen ihren Kindern: »Das ist kein Spielzeug.« Das habe ich durch meinen Beruf wirklich verinnerlicht. Wenn ich Kinder mit Messern spielen sehe, dann ist das für mich schon eine Art Belastung, weil ich einfach in zu vielen Fällen gesehen habe, was damit passieren kann.

Sie haben eben das mit den Polizisten angesprochen: Haben Sie schon einmal einen Kollegen verloren?

U. I.: Gewalt gegen Polizisten gibt es täglich, aber ein Tötungsdelikt an einem Polizisten kommt zum Glück in Berlin nur ungefähr alle fünf Jahre mal vor. Aber es ist schon ein Unterschied, ob jemand verletzt wird oder ein Kollege auf dem Obduktionstisch liegt und man dann auch noch den Obduktionsbericht schreiben muss und versucht, sich selber zu kontrollieren. Das war eine meiner schlimmsten Obduktionen. So etwas will man dann eigentlich auch gar nicht erleben! Trotzdem muss man dann probieren, damit professionell umzugehen. Wir versuchen das zu verdrängen oder zu verarbeiten, indem wir darüber reden. Das sind dann Situationen, in denen alle sehr betroffen sind und die Belastung sehr hoch ist. Der Ermittlungsdruck ist bei solchen Fällen auch sehr hoch, und wenn das alles zusammenkommt, sind das die schlimmsten Momente, die man in diesem Beruf haben kann. So wie eben Morde an Kindern, die ihr ganzes Leben noch vor sich gehabt hätten und wir das ganze Leid der Familien mitbekommen.

Bei aktuellen Fällen gibt es auch tägliche Besprechungsrunden. Wir von der Mordkommission sind am Anfang alle am Tatort und haben die Leiche auch gesehen. Derjenige, der bei der Obduktion war, berichtet uns vom Verletzungsbild etc. Das ist dann schon eine Art der Verarbeitung. Inwieweit jeder Einzelne diese Eindrücke in seine Familie trägt und zuhause erzählt, weiß ich nicht. Bei mir ist das nicht extrem. Ich habe in den Jahren aber auch nie groß gelitten. Hingegen der Tod eines Angehörigen oder eines Nachbarn, der kürzlich verstorben ist, nimmt mich sehr mit. Aber ich denke, das ist eine Trauerbewältigung wie bei jedem anderen Menschen auch.

Im Beruf bin ich zu konzentriert auf die Arbeit, weil ich das Ziel vor Augen habe, diesen Fall aufklären zu wollen. Wenn ich dabei zu viele Gefühle zeige, würde ich auch Fehler machen. Das ist bei uns alltägliche Arbeit: der Umgang mit Leichen.

J.D.: Der Vorteil ist, dass die gesamte Mordkommission im Team zusammenarbeitet. Wenn man weiß, nicht allein zu sein, ist das schon eine Art von Kompensation. Es liegt nicht nur an einer einzelnen Person, dieses Tötungsdelikt aufzuklären, sondern alle Kollegen, mit denen man frühstückt oder abends noch einmal zusammensitzt, um die letzten Informationen des Tages auszuwerten, haben das Gleiche erlebt.

Schweißt das auch zusammen?

J.D.: Das schweißt ganz stark zusammen. Unter Umständen arbeitet man monate- oder gar jahrelang an einem Fall miteinander. Es gibt sogar einen Zusammenhalt mit ehemaligen Kollegen, die pensioniert worden sind oder aus welchen Gründen auch immer die Dienststelle verlassen haben. Nach einem harten belastenden Arbeitstag geht man auch noch einmal zusammen in eine Kneipe und trinkt ein Bier. Spricht dabei auch über Privates.

Was motiviert Sie besonders in Ihrem Beruf?

U.I.: Natürlich ist es immer schwierig, von schönen Momenten bei Mordfällen zu reden ... Wenn wir mit der ganzen Palette an kriminalpolizeilichen Möglichkeiten bei einem schwer aufzuklärenden Fall zum Erfolg kommen, dann bin ich zufrieden. Erfolg heißt in dem Zusammenhang, dass man sich hundertprozentig sicher ist, dass man den Richtigen hat, und alles gemacht hat, was in der eigenen Macht stand. Ein Beispiel für ein schönes Erfolgserlebnis wäre der aktuelle Fall »Sodenkamp«. Der Fall forderte viele Bereiche einer kriminalistischen Arbeit und hatte alles, was ein guter Krimi braucht. Eine Sanierungsfirma und eine Immobilienfirma hatten geschäftliche Differenzen. Daraufhin beauftragten zwei Männer der Sanierungsfirma einen Auftragsmörder, um den Immobilienhändler umbringen zu lassen. Der erste Versuch des Täters, sein Opfer im Park mit einer Armbrust zu erschießen, scheiterte. Anscheinend hat der Immobilienhändler auch keine Notiz von dem versuchten Anschlag genommen. Beim zweiten Anlauf erschoss der Auftragsmörder dann den Immobilienhändler, als dieser mit seinem Hund spazieren ging. Mittlerweile konnte der Täter in Indien ausfindig gemacht werden, die zwei Auftraggeber sind bereits verhaftet. Das sind dann die wirklichen Glücksmomente, wenn wir durch einen Hinweis oder nach monatelanger Arbeit auch für unsere Anstrengungen belohnt werden, möglicherweise mit einem Geständnis. Dann ist, für mich zumindest, meine Arbeit soweit getan. Wir arbeiten für die Staatsanwaltschaft. Dort kommt es zu einer Anklage, dem Gerichtsverfahren, wo unsere Macht dann wiederum beschränkt ist.

Gab es schon Fälle, bei denen Sie sich ein anderes Urteil gewünscht hätten?

U.I.: Bei Mord ist das normale Urteil lebenslang, das haben wir sehr häufig. Die Abstufungen darunter, wenn es sich um eine Konflikttötung oder Totschlag im Streit handelt, da rechnen wir nicht in Jahren. Das können wir vorher nicht machen. Wir werden von den Beschuldigten immer wieder gefragt: »Was habe ich denn zu erwarten?« Das hängt wirklich vom Gericht, dem Tatablauf, der Persönlichkeit des Täters und seinen Vorstrafen ab. Ich mache meine Arbeit auch nicht, um bestimmte Jahre an Freiheitsstrafe einzufordern. Man sollte sich frühzeitig von dem Druck befreien, ein möglichst hohes Strafmaß erzielen zu wollen. Das ist die Unabhängigkeit der Gerichte. Ziel meiner Arbeit hier ist, sauber und im Sinne der Opfer und Familien zu arbeiten. Glücksmomente hatte ich sehr viele, sonst wäre ich nicht schon 17 Jahre hier. Es gibt schöne Fälle, die sehr spektakulär waren und meistens eben auch zum Erfolg geführt haben.

*»Es wird wohl kaum in einer Begegnung so existenziell kommuniziert
wie in der Begegnung mit Sterbenden.«*

(Maria Ziegenfuß, zit. in einer Broschüre des Gesundheitsamtes der Stadt Chemnitz, 1995)

Hospiz

Hospize, im ursprünglichen Wortgebrauch eine Unterkunftsstätte in Klöstern für Reisende, entstanden Ende der 1960er Jahre in England. Sie sollten Menschen eine Herberge bieten, die ans Ende ihrer Lebensreise gelangten. Cicely Saunders gründete das erste Hospiz in London. 1985 entstand durch das Engagement des Jesuitenpaters Reinold Iblacker der Christophorus Hospiz Verein in München. Seine Helfer arbeiteten auf ehrenamtlicher Basis und die Initiative wurde durch Spenden finanziert. Nach zwei Jahren konnte die erste Sozialpädagogin fest eingestellt werden, 1991 folgte die erste Krankenschwester.

In den vergangenen zehn Jahren war ein starker Anstieg ambulanter und stationärer Hospizdienste zu verzeichnen, der Bedarf ist aber, laut Berechnungen des Deutschen Hospiz- und Palliativ-Verbandes, bei Weitem nicht gedeckt. Heute bestehen bundesweit 162 stationäre Hospizeinrichtungen und etwa 1500 ambulante Hospiz- und Palliativ- dienste. Der Großteil der hospizlichen Arbeit findet demnach ambulant statt, spiegelt dies doch den ursprünglichen Gedanken der Hospizbewegung wider. Hospizarbeit soll, angepasst an die Lebens- umstände des Kranken, die Möglichkeit des Sterbens zu Hause bieten. Tatsächlich sterben jedoch immer noch 70 % der Bevölkerung in Institutionen des Gesundheitswesens, wie etwa Krankenhäusern oder Pflegeheimen. Stationäre Hospize sind ein Beispiel für die Vernetzung haupt- und ehrenamtlicher Arbeit und liefern anderen Einrichtungen neue Impulse für den Umgang mit Sterbenden. Rund 18.400 Menschen wurden im vergangenen Jahr in stationären Hospizen begleitet. Die Einrichtungen unterscheiden sich in der Hinsicht von Palliativstationen, dass in ihnen keine festangestellten Ärzte arbeiten, sondern Kooperationen mit Palliative-Care-Teams oder Hausärzten bestehen. Im Mittelpunkt steht die ganzheitliche Pflege, also neben der Schmerzlinderung die psychosoziale und spirituelle Begleitung der Sterbenden.

Das erste Kinderhospiz Deutschlands, das Kinderhospiz Balthasar, wurde 1998 im sauerländischen Olpe eröffnet. Im Dezember 2002 wurde mit Hilfe der Björn-Schulz-Stiftung das Kinderhospiz Sonnenhof, das erste in Berlin-Brandenburg, in Betrieb genommen. Es verfügt über zwölf Einzelzimmer für Gäste sowie über Übernachtungsmöglich- keiten für Familienangehörige. In den ersten fünf Jahren nahm die Einrichtung bereits 218 pflegebedürftige Menschen auf.

Kinderhospiz »Sonnenhof«
Berlin

Sabine Sebayang machte 1987 ihr Examen als Kinderkrankenschwester. Zunächst arbeitete sie für ein Jahr in
einem kleinen Berliner Krankenhaus. Im Anschluss
nahm sie 1989 eine Stelle auf einer Station für krebskran-
ke Kinder an, auf der sie knapp 14 Jahre tätig war.
1993 nutzte sie das Angebot, eine onkologische Fachwei-
terbildung zu absolvieren. Im Rahmen der Weiterbildung
war sie in der Spandauer Palliativstation im Einsatz,
der ersten in Berlin. Zu jener Zeit gab es noch keinerlei
Hospize in Berlin. Als die Björn-Schulz-Stiftung ein
Kinderhospiz errichten wollte, bewarb sie sich und
beteiligte sich danach am Aufbau. Ab 2002 arbeitete sie
als stellvertretende Pflegedienstleiterin im Kinderhospiz Sonnenhof. Aus persönlichen Gründen entschloss
sie sich 2006, als Praxisanleiterin in der Einrichtung
weiterzuarbeiten. Heute ist sie Ausbilderin für die Pflege-
schüler, die einen Palliativeinsatz im Sonnenhof haben.

»Mir ist jetzt scheißegal, dass ich krank bin, ich fahr jetzt trotzdem mit meinem Dreirad die Rampe runter.«

Anfänglich sind Spenden, Stiftungen und Sponsoren die tragenden Geldquellen für die Hospiz-Einrichtungen gewesen. Seit 1998 bezuschussen Krankenkassen circa 80 % des tagesbezogenen Bedarfsatzes der stationären Hospizdienste. Wie funktioniert bei Ihnen die Finanzierung?

Einerseits bestehen vertraglich festgelegte Tagessätze mit den Kassen – etwa 225 Euro pro Tag. Der Tagessatz ist in ganz Berlin gleich, sei es Erwachsenen- oder Kinderhospiz. Von diesem Geld tragen ungefähr 80 % die Kranken- und Pflegekassen, der Betroffene muss einen Eigenanteil von etwa 10 % zahlen, die übrigen 10 % übernehmen die Träger des Hauses selbst. Dieses Geld muss aus Spenden finanziert werden. Das heißt, die Eltern zahlen 15 bis 20 Euro pro Tag, was nicht einfach ist. Für eine neue Regelung kämpfen die Kinderhospize momentan. Unsere Einrichtung nimmt auch ganze Familien auf, diesbezüglich besteht jedoch keine einheitliche Regelung bei den Hospizen. Dann stellt sich die Frage, ob die anfallenden Kosten für deren Versorgung aus dem Spendentopf beglichen werden oder das auch noch die Eltern übernehmen müssen.

Wir wollen Familien die Aufnahme nicht verweigern, auch wenn sie es sich nicht leisten können. Zudem trägt sich so ein Haus nicht von den staatlichen Tagessätzen, davon kriegt man nicht einmal das Pflegepersonal bezahlt.

Außerdem müsste eine hundertprozentige Bettenauslastung vorhanden sein, die Kinderhospize über das Jahr verteilt nicht haben. Innerhalb der Ferien sind die Hospize ausgebucht, außerhalb allerdings nicht. Das Pflegepersonal kann ja nicht entlassen werden, wenn die Betten nicht vollständig belegt sind. Hinzu kommt der Apparat der Öffentlichkeitsarbeit wie etwa Fundraising. Man muss schon eine Menge arbeiten, um das Haus am Leben zu erhalten.

Können Sie mir einen gewöhnlichen Arbeitstag im Hospiz beschreiben?

Das kommt ganz auf die Besetzung an. Wir schreiben uns als Kinderhospiz auf die Fahne, dass wir sehr individuell pflegen, es besteht demnach kein strukturierter Tagesablauf wie in der Klinik, wo die Schwestern morgens durchgehen, die Betten machen, waschen, Frühstück bringen, der Arzt zur Visite kommt ... Bei uns werden nicht alle Gäste zur gleichen Zeit geweckt, sondern jeder hat seinen individuellen Tagesplan. Dieser Plan wird abhängig von seinem gewohnten Rhythmus erstellt: wann der Gast seine Medikamente bekommt, frühstückt, Gymnastik macht usw. Deswegen teilt sich das Pflegepersonal, je nachdem, wie sich die Betreuung der Gäste am besten kombinieren lässt, auf.

Innerhalb welcher Altersgrenze sind die Kinder?

Bei den meisten Krankheiten, mit denen wir es hier zu tun haben, können die Menschen bis zu 30, 40 Jahre alt werden. Da sie die Krankheit seit dem Kindesalter haben, nehmen wir bis zu diesem Alter auf. Zum Beispiel können Mukoviszidose-Betroffene – eine Stoffwechselerkrankung – heute durch den medizinischen Fortschritt bis zu 40 Jahre alt werden. Wir möchten unsere Türen vor Menschen nicht verschließen, die wir bereits als Kinder jahrelang betreut haben.

Behandeln und betreuen Sie Kinder auch ambulant?

Wir haben einen ambulanten Hospizdienst, der sich »Die Familienbegleiter« nennt.

Seit 2002 sind auch die ambulanten Hospizdienste in eine Rahmenvereinbarung einge-bunden und werden, bei Erfüllung gewisser Qualitätskriterien, von den Krankenkassen bezuschusst. Dies führte zu Kontroversen innerhalb der Hospizbewegung und voraus-sichtlich werden sich zwei Entwicklungen daraus ergeben: einerseits Dienste, die palliativ-pflegerische Beratung auf hohem Qualitätsniveau erfüllen, und jene Hospizgruppen, deren Fokus auf der psychosozialen Komponente der Begleitung ruht. Wie würden Sie Ihre ambulanten Dienste diesbezüglich einordnen?

Diese »Familienbegleiter« sind keine Profis, sondern ehrenamtlich im Einsatz. Natürlich gibt es auch Mediziner oder Pflegekräfte, die ehrenamtlich eine Familie begleiten möchten, die meisten unserer Ehrenamtlichen sind jedoch medizinische und pflegerische Laien. Die professionellen Palliative-Care-Teams, die sich jetzt bil-den, sind wirklich etwas anderes. Die Begleiter sind zur Unterstützung und Ent-lastung der Eltern da, setzen sich neben das Bett des kranken Kindes, wenn die El-tern mal ihre Ruhe brauchen, führen Gespräche mit der Familie, sind also in erster Linie hilfreiche Menschen im Einsatz.

Wo sehen Sie Grenzen in der ehrenamtlichen Tätigkeit?

Die wichtigste Grenze ist erst einmal die der Ehrenamtlichen selber. Wo sie ihre persönlichen Grenzen setzen – sie müssen nichts tun, was sie nicht tun wollen. Manche trauen sich zu, mit dem Kind spazieren zu gehen, andere möchten nur ne-ben dem Bett des Kindes sitzen, weil ihnen ein Spaziergang zu viel Verantwortung abverlangt, was genauso in Ordnung ist. Wie weit die Zuständigkeit gehen kann, müssen einerseits der Ehrenamtliche, die Eltern, aber auch wir als Träger entschei-den. Der Ehrenamtliche darf allerdings auch keine Konkurrenz zum Pflegedienst sein und ihn ersetzen. Zudem gibt es Tätigkeiten, wie die medizinische Versor-gung, die ein Ehrenamtlicher nicht ausführen darf, da er mit falscher Dosierung etc. tatsächlich Schaden anrichten könnte.

Wie viele Ehrenamtliche sind von Ihrem Haus aus im Einsatz?

Unsere Einrichtung hat etwa 200 ausgebildete Ehrenamtliche, bei denen aber selbst-verständlich auch eine große Fluktuation besteht. Wenn jemand ein Kind begleitet hat und es verstorben ist, braucht die Person oftmals eine Pause und möchte nicht gleich zum nächsten Kind übergehen. Andere werden schwanger, wechseln das Bun-desland aus beruflichen Gründen oder empfinden die Belastung doch als zu groß und hören wieder auf. Wir bilden kontinuierlich Ehrenamtliche aus, damit wir etwa immer auf dem gleichen Stand bleiben.

Was motiviert Ehrenamtliche, mit sterbenden Kindern zusammenzuarbeiten?

Selbsterfahrung ist häufig eine Motivation. Oft hatten Ehrenamtliche in irgendeiner Form Kontakt mit dem Thema Tod und Sterben, sei es, dass sie selber ein Kind verloren haben oder ein Angehöriger verstorben ist. Natürlich sind es auch viele Rentner, die Zeit haben und etwas Sinnvolles tun möchten. Genauso haben wir aber auch junge Erwachsene, die sich in ihrem Beruf nicht ausgelastet fühlen. Sie sitzen vielleicht im Büro oder an der Kasse. Was die Bildungs- und Berufsstatistik anbelangt, gibt es querbeet alles.

Kann es gelingen, innerhalb fester Strukturen das gesellschaftskritische Element, den Anspruch auf Veränderung, beizubehalten?

Das ist möglich, aber mit ganz viel Offenheit – und zwar auf beiden Seiten. Ich war letzte Woche bei einer Weiterbildung, in der wir ein Gespräch über Qualitätssicherung führten. Gegenstand der Diskussion war die Arbeitsdokumentation der Ehrenamtlichen. Einige sind dazu bereit, andere sehen es nicht ein, neben ihrer ehrenamtlichen Tätigkeit auch noch viel zu dokumentieren. Sie wollen sich mit den Menschen beschäftigen, haben aber keine Lust, danach noch eine halbe Stunde Berichte zu schreiben. Das ist ein Konflikt zwischen Hauptamtlichen und Ehrenamtlichen. Die Hauptamtlichen müssen das vorweisen und haben den Druck, da dieses Offenlegen der Arbeit der Qualitätssicherung dient, gleichzeitig wollen sie sich aber auch nicht die Ehrenamtlichen verprellen. Andere Ehrenamtliche wiederum nehmen die Dokumentation auch auf sich und wollen die gesamte Idee unterstützen. Ohne die Auseinandersetzung mit der Materie passiert auch in der Qualität nichts.

Würden Sie in unserer heutigen Gesellschaft von einer Institutionalisierung des Sterbens sprechen?

Nein, nicht unbedingt. Die Haupthospizbewegung findet ambulant zuhause bei den Menschen statt. Meiner Meinung nach müssen Menschen, die ohnehin schon im Pflegeheim leben, nicht noch ins Hospiz verlegt werden. Sie sollten in ihrem Pflegeheim bleiben. Eher sollte dort das Personal unterstützt werden. Das Altenpflegepersonal muss natürlich auch dementsprechend ausgebildet werden, um zu verstehen, was es bedeutet, einen Menschen palliativ zu pflegen. Da fehlt noch ganz viel, die Rahmbedingungen dafür sind allerdings nicht vorhanden: Schaut man sich die Situation der Altenpflege an, wieviel Personal dort ist und wie viel wir noch einspannen müssten, dann brauche ich nicht mit einem Palliativ-Care-Team kommen. Die lachen mich doch aus, wenn ich da ankomme und ihnen einen Vortrag halte.

Ich denke, es gab schon immer Ärzte,
die so offen waren, sich nicht als Versager
zu empfinden, wenn sie einen Menschen nicht heilen konnten. Dieser Spruch
»Wir können nichts mehr für Sie tun,
weil wir Sie nicht gesund machen können«
stimmt ja nicht.

Und ich glaube, es hat diese Ärzte und dieses Pflegepersonal schon immer gegeben,
nur jetzt werden sie öffentlicher. Mein Lieblings-Oberarzt, ich habe ja auch lange
mit krebskranken Kindern gearbeitet, war beides. Einerseits absoluter Mediziner,
der die Therapie ganz durchgeführt hat, gleichzeitig aber auch einsehen konnte,
wenn es nicht mehr möglich war, ein Kind zu heilen, und daraufhin eine gute palliative Begleitung bieten konnte. Viele Ärzte haben die Einstellung, dass es ab dem
Punkt nicht mehr zu ihrer Arbeit gehöre. Nun gibt es den Lehrstuhl für Palliativmedizin, Ärzte müssen diese Zusatzprüfungen ablegen, die Weiterbildungs-
angebote nehmen zu und das gesamte Thema dringt mehr in die Öffentlichkeit.
Aber ich denke, Ärzte mit solch einer Einstellung sind dadurch nicht mehr geworden, die gab es vorher auch schon.

Wie kam es, dass Sie speziell mit unheilbar kranken Kindern arbeiten wollten?
Und wie sehen die motivierende Momente der Freude in Ihrer Tätigkeit aus?

Jeder, der die Chance hat, sucht sich einen Beruf aus, der ihm liegt. Mir war relativ früh klar, dass ich Kinderkrankenschwester werden wollte, da ich auch jüngere Geschwister hatte und mir die Arbeit mit Kindern lag. Ich hatte zuerst in Kiel einen Einsatz in der Kinderonkologie und ich fand die Arbeit schön. Zwar sind Kinder gestorben auf der Station, aber das Team war toll. Die Schwestern haben uns Schüler so gut mitgenommen, dass wir dieses Sterben der Kinder – »als nicht so schlimm empfanden« hört sich blöd an – als gut begleitet wahrnahmen. Das war im Grunde genommen schon Palliative-Care und bei dem dreimonatigen Einsatz wusste ich bereits, dass ich in der Richtung tätig sein möchte. Innerhalb der Ausbildung hat man überall Einsätze – Intensivstation, Frühgeborene, Chirurgie, Neurologie, Orthopädie usw. – und meine Nische war die Onkologie. Ich war mir früh darüber im Klaren, dass Intensivstation oder Frühgeborene – diese kleinen Vögelchen – nichts für mich sind. Genauso war alles, was Bahnhof ist, nichts für mich. So nach dem Motto: Kind kommt rein, hat eine akute Erkrankung und ist ein paar Tage später wieder weg. Ich brauchte etwas mit einer Entwicklung und mehr Kontakt. Ich habe in der Chirurgie gearbeitet, da kommen die Kinder, haben Angst und brüllen, weil ihnen Blut abgenommen werden muss. Dann werden sie aufgeschnitten und haben Schmerzen und kaum sind die Schmerzen weg, gehen sie wieder nach Hause. Da hat man nichts Nettes. Und in der Onkologie, so schlimm die Krankheiten sind, hat man gute und schlechte Tage. Den Kindern geht es nicht immer schlecht in der Onkologie. Man kann auch ganz viel Spaß mit den Kindern haben und das brauchte ich, auch mit dem Wissen, dass das Kind nicht wieder gesund wird. Aber das muss man dann auch können: zu sagen, ich begleite es, wenn's stirbt.

Durch meinen Einsatz auf der Palliativstation innerhalb meiner Weiterbildung war ich ein Jahr weg von der stationären Arbeit und dabei ist mir bewusst geworden, dass mir die palliative Pflege mehr liegt. Onkologie für Kinder ist auch viel Intensivmedizin, man hat mit Maschinen zu tun, Infusionen usw. Das Kind hängt an den Schläuchen und als Schwester hatte ich gar nicht so die Zeit für das Kind und die Eltern. Ich habe mir immer die Kinder rausgesucht, die schwer krank waren, wo klar war, die werden sterben, was anderen zu intensiv war.

Wenn ich im Vorfeld aus dem Bekanntenkreis höre:
»Oh Gott, wie kannst Du das nur aushalten?
Ich könnte so eine Arbeit nicht machen. Dann setze
ich mich lieber an den Schreibtisch und bin Sekretärin.«
Da würde ich wiederum sagen:
»Kann ich nicht, kriege ich Rückenschmerzen.«

Wie schaffen Sie es, Distanz von dem Schicksal der Kinder zu wahren?

Das war bei mir eine Entwicklung über die Jahre. Während meiner ersten Jahre in der Onkologie war die Distanz deutlich kleiner. Als junges Mädchen ist man familiär nicht so eingespannt, kommt nachmittags nach Hause und denkt noch mal über die Arbeit nach. Da privat die meisten Leute nicht besonders gern von krebskranken Kindern hören, bleibt das danach im Kopf. Jeder muss seinen eigenen Weg finden, damit umzugehen. Dazu gehören auch Erfahrungen, wie unter Umständen mal nächtelang durchzuheulen, das habe ich auch gemacht. Solche Dinge sollten im Team geklärt werden, aber auch das Reden mit Menschen außerhalb kann hilfreich sein, da die einen anderen Blickwinkel haben. Freizeitaktivitäten sind auch gut, weil ich mich nicht nur mit der Arbeit auseinandersetzen darf, sonst kann ich sie auf Dauer nicht ausüben. Dann passiert irgendwas mit einem selber, entweder man verhärtet oder hat einen Burnout. Zudem ist es wichtig, sich selber zu positionieren. Sich nicht als Versager zu empfinden, weil das Kind unheilbar ist, sondern seine Aufgabe in der guten Begleitung zu sehen. Man muss auch akzeptieren können, dass es im palliativen Bereich ebenfalls unschöne Situationen geben kann, wenn jemand beispielsweise doch unter Schmerzen stirbt. Das musste ich erst über Jahre lernen. Kaut man ständig auf einer Sache rum, mit der man unzufrieden war, ist das zu belastend.

Sie haben selber Kinder. Gibt es Momente, in denen Sie Schwierigkeiten haben, berufliche Erlebnisse von Ihrem Privatleben zu trennen?

Natürlich verwischt es manchmal. Wenn ein Kind gerade gestorben ist, und ich im Anschluss nach Hause gehe, ist klar, dass ich nicht den Schalter umklicken kann und Lust auf »Hully Gully« habe. Meine Familie hat aber Verständnis, wenn ich ihnen das sage. Sehr trennen muss man das meiner Ansicht nach jedoch auch nicht, man darf seine Familie nur nicht den ganzen Tag mit seinen Berufserlebnissen belasten. Ich denke, ich kann ganz gut umschalten zwischen Arbeit und Familie, das muss man auch können, sonst ist man zu sehr hin- und hergerissen.

Der Tod spielt in der Gedankenwelt von Kindern keine zentrale Rolle. Im Kindergartenalter sind konkrete Vorstellung über den Tod noch nicht vorhanden. Er wird höchstens mit Unbelebtheit in Verbindung gebracht, jedoch nicht als bedrohlich empfunden. In der Grundschule beginnt ein sachliches Interesse an der Materie zu erwachen, frühestens begreifen Kinder die Endgültigkeit des Todes jedoch erst mit zwölf Jahren. Welche Erfahrungen konnten Sie im Hospiz sammeln?

Das ist sehr theoretisch, diese Altersgrenzen darf man nicht so festtackern. Ich habe auf der Arbeit mit kranken Kindern zu tun und die beschäftigen sich mit dem Thema viel früher als gesunde Kinder.

Ein krebskrankes Kind im Vorschulalter realisiert die Todesthematik ganz anders als ein gesundes fünfjähriges Kind.

Sie werden auf der Station damit konfrontiert, die Kinder kennen sich untereinander und kriegen das mit. Außerdem herrscht glücklicherweise mittlerweile ein relativ ehrlicher Umgang mit dem Thema. Die betroffenen Kinder sind auch sehr viel schneller erwachsen. Sie sehen erwachsener aus und man kann sich vernünftiger mit ihnen unterhalten. Meine Tochter hat sich – sicherlich auch durch meinen Beruf bedingt – schon im Kindergartenalter Gedanken über den Tod gemacht. Es hängt stark davon ab, welche Erfahrungen die Kinder in ihrem Lebensumfeld sammeln.

Welchen Erklärungsversuchen sind Sie bei Kindern in Ihrer Einrichtung begegnet?

Das ist enorm unterschiedlich und hängt sehr von der Prägung durch die Eltern ab. Einige Eltern sagen ihren Kindern, es gäbe irgendwelche Sterne, wo die Toten drauf sind, die Seele sei in ihrem Herz oder sonst etwas. Familien haben eben ihre Geschichten, ob es Wolken sind oder sie immer bei ihren Kindern sein werden.

Bei naturwissenschaftlich orientierten Familien gibt es Bücher, in denen steht: »Wenn ich tot bin, verwese ich und dann ist es vorbei.« Das Kind gibt das auch so wieder und als Erwachsene stehe ich daneben und muss erst einmal Luft holen.

Aber letztlich sieht es das Kind dann oft auch so. Da kann ich mich als Begleiterin nur immer wieder auf die Familien einlassen, es zählt doch nicht, was ich denke.

Können Sie bei so etwas nicht in Konflikt mit den Eltern geraten?

Wenn sie ihre Kinder bereits so aufgeklärt haben, kann ich es nicht mehr rückgängig machen. Ich kann dem Kind dann nicht sagen, dass dessen Eltern Märchen erzählen. Ich kann höchstens generell noch mal das Gespräch suchen und das Kind fragen, was es selber darüber denkt. Ich würde dem Kind jedoch nie sagen, wie das ist, weil ich es selber nicht weiß. Oftmals haben die Kinder neben dem, was ihre Eltern ihnen vorgeben, aber doch auch ihre eigenen Phantasien. Die gehen häufig in die Richtung von Märchengeschichten, was ihnen aus Büchern vorgelesen wurde, und die meisten Kinder haben – was durch Computerspiele auch weniger wird – ganz viel eigene Phantasien, die unter Umständen auch von den Erklärungen der Eltern abweichen.

Inwiefern unterscheidet sich der Umgang mit dem bevorstehenden Tod zwischen Kindern und Erwachsenen?

Im Rahmen meiner Weiterbildung hatte ich Einsätze bei erwachsenen Krebskranken und dachte mir: »Wo bin ich hier denn? Das halte ich ja selber gar nicht aus!« Die lagen alle mit dem Ausdruck »Ich sterbe, ich habe Krebs« in ihren Betten, um es mal etwas übertrieben auszudrücken. Die waren natürlich auch sehr krank und es war schon klar, dass sie nicht wieder gesund werden würden. Aber da fehlte, was die Kinder so haben: »Mir ist scheißegal, dass ich krank bin, ich fahr jetzt trotzdem mit meinem Dreirad die Rampe runter.« Bei den Erwachsenen ist der Kopf viel mehr eingeschaltet und sie fahren nicht die Rampe runter, weil sie doch stürzen könnten. In der Hinsicht sind Kinder noch leichtlebiger und unbedarfter. Die Kinder in der Onkologie, genauso krank wie die Erwachsenen in der Onkologie, brüllen, beißen und kneifen in dem Moment, wenn sie Schmerzen haben oder ich ihnen etwas wehtun muss. Wenn es vorbei ist, ist es dann auch wieder gut.

Trotz des Bewusstseins, dass sie schwer krank sind, wollen sie Spaß haben und nicht den ganzen Tag im Bett liegen und denken: »Oh Gott, oh Gott, ich muss sterben!« Wobei ich durchaus Erwachsene erlebt habe, die ihre verbleibende Zeit noch schön nutzen wollten. Trotzdem ist auch der Kopf bei ihnen mehr eingeschaltet und sie machen sich darüber Gedanken, wie viel Wochen sie noch haben und was sie noch alles erledigen müssen. Das haben die Kinder in der Form nicht, obwohl sie auch einiges zu erledigen haben. Da geht's dann darum, wer welches Auto kriegt usw.
Sie können das jedoch nicht so durchziehen. Ein paar Minuten wird dann philosophiert, was wird sein, wenn, und wovor sie Angst haben, kurz darauf möchten sie aber endlich wieder »Mensch ärgere dich nicht« spielen.

Trauer ist schon vorhanden, aber es ist nicht dieses durchgehende Befassen mit dem nahenden Tod. Das macht mir die Arbeit leichter und verdeutlicht mir, warum ich Kinderkrankenschwester geworden bin.

Wie ausgeprägt ist deren Bewusstsein für ihre Lage?

Die Kinder wissen das. Das ist da. Und sie wissen es auch oft, bevor wir das wissen. Im Nachhinein merke ich das gelegentlich an Äußerungen von ihnen aus dem Alltag. Häufig passiert es in der Klinik, dass wir Erwachsenen immer noch versuchen, das Kind zu heilen, das Kind aber selber schon weiß, dass es nicht mehr gesund wird. »Wird nichts, aber meinen Eltern zuliebe mache ich die Therapie noch.« Das kann man nicht erklären, das ist so ein inneres Wissen. Und genauso spüren sie auch, wenn etwas schlimm ist. Ich habe die Entwicklung mitbekommen vom Verschweigen der Krankheit dem Kind gegenüber, um es zu schonen, bis hin zur Aufklärung des Kindes über seinen Zustand, damit es mitarbeiten kann.

Wenn Eltern mit geröteten Augen aus dem Diagnosegespräch kommen, weil das Kind einen Hirntumor hat und ihrem Kind erzählen, sie hätten in der Küche beim Zwiebelschneiden geholfen, merkt es sowieso, dass irgendwas nicht stimmt. Dadurch entsteht ein Vertrauensbruch. Inzwischen wird auf den onkologischen Stationen sehr dafür gesorgt, dass die Kinder aufgeklärt sind und mit einbezogen werden.

Die Unehrlichkeit am Krankenbett ist bzw. war nicht nur bei Kindern verbreitet ...

Ich habe viele Kollegen, die im Erwachsenenbereich tätig sind, und ich glaube, dass wir diesbezüglich im Kinderbereich sogar sehr viel weiter sind. Bei älteren Menschen wird beispielsweise häufig der Ehefrau gesagt, wie es um ihren Mann steht, der Mann hingegen nicht so richtig aufgeklärt. Man kann in der Arbeit viel besser miteinander umgehen, wenn alle Bescheid wissen, anstelle um den heißen Brei zu reden.

Wie wichtig sind bei Ihnen religiöse Aspekte innerhalb der Sterbebegleitung?

Unser Haus ist grundsätzlich allen Konfessionen gegenüber aufgeschlossen. Wir müssen uns dem fügen, was kommt, und das dann auch annehmen für die Arbeit. Ich muss ehrlich sagen, sowohl in der Onkologie wie auch hier war Religion sehr zweitrangig. Wenn die Kinder in das Jugendalter kommen, fangen sie manchmal mehr an, diese Sinnfragen zu stellen. Ansonsten ist das bei den Kindern einfach nicht so das massive Thema, eher schon bei den Eltern. Wir haben immer den Doppel- oder Dreifachpack, wenn man die Geschwister noch als Gruppe hinzuzählt. Die Fragen sich schon eher: »Warum ausgerechnet mein Kind? Was habe ich angestellt? Hat Gott uns nicht lieb?« Das sind dann Erwachsenengespräche, als sei der Erwachsene selber von der Krankheit betroffen.

Durchlaufen sie dann auch so ähnliche Phasen wie Verneinung, Wut, Verhandeln, Depression und Akzeptanz?

Es gibt einerseits die Sterbephasen und andererseits die Trauerphasen, die verschieden definiert sind. Mir ist wichtig zu betonen, dass diese nicht schematisch verlaufen. Kenntnisse von diesen Phasen sind hilfreich, wenn man in dem Bereich arbeitet, um dann mit den Verhaltensweisen besser umgehen zu können. Die hüpfen und springen allerdings kreuz und quer und man muss einordnen können, dass der Betreffende beispielsweise im Augenblick in einer Aggressionsphase ist und einen deswegen anspringt, wenn man gerade ins Zimmer kommt. Als ich ganz frisch in der Kinderonkologie war, nahm ich es zum Beispiel persönlich, als mich ein Vater angebrüllt hat, und ich weinte nächtelang deswegen. Bis ich hinterher verstand, was das war. Inzwischen kann ich mit solchen Dingen entspannter umgehen, da ich besser einordnen kann, wie es meinem Gegenüber geht.

Dürfen Eltern auch in Ihrer Einrichtung nächtigen?

In die Erwachsenenhospize gehen Menschen tatsächlich, um dort zu sterben. Kinderhospize haben hingegen zwei Funktionen. Einerseits kommen Kinder zu uns und werden hier sterben. Andererseits gibt es Kinder, die jahrelange Krankheitsverläufe haben. Kinderhospize begleiten Familien das ganze Leben des Kindes, was unter Umständen von Diagnosestellung bis zum Tod vierzig Jahre dauern kann.

Das Kinderhospiz stellt eine Art Tankstelle dar, damit die Eltern sich ausruhen können. Sie pflegen ein schwer krankes Kind zuhause und benötigen davon auch mal Urlaub.

Entweder sie kommen als gesamte Familie und machen zusammen Urlaub bei uns, was bedeutet, dass sie uns in der Pflege ihres Kindes anleiten. Wir möchten deren Vertrauen gewinnen und nicht die »Ich kann alles, ich weiß alles«-Einstellung der Kliniken leben. Die Eltern sollen uns beibringen, was bei ihrem Kind wichtig ist, damit wir lernen können, wie es zuhause gepflegt wird. Dann sind sie auch eher in der Lage loszulassen und die Zeit für sich und die Geschwister zu nutzen. Es gibt in Berlin häufig Familien, bei denen wir nur das Kind aufnehmen, damit die Eltern auch mal in den Urlaub fahren können. So haben sie zumindest für zwei Wochen kompletten Abstand.

Des Weiteren gibt es die Verhinderungspflege, die dazu dient, die Mutter zu entlasten, wenn sie beispielsweise selber mal erkrankt und Ruhe benötigt. Das sind die Begleitangebote von Kinderhospizen über das Jahr. Ziel ist, dass die Familien fit bleiben und die Sterbephase zuhause schaffen können. Deswegen sterben im Kinderhospiz wenig Kinder, weil wir überwiegend auf die Entlastung spezialisiert sind.

Für die Eltern ist die Pflege eines schwer kranken Kindes sicher ein 24-Stunden-Job ...

Das eine sind die krebskranken Kinder, die man eher selten im Kinderhospiz antrifft. Das ist ähnlich wie bei den Erwachsenen. Nachdem auf einer onkologischen Station festgestellt wurde, dass sie nicht heilbar sind, gehen sie meistens nach Hause, wo sie auch sterben. Das ist auch gut so. Und müssen sie doch noch mal stationär versorgt werden, weil das zuhause nicht funktioniert, können sie schon mal ein Kinderhospiz gebrauchen, wählen aber in der Regel eher die onkologische Station, die sie kennen. Bei den langjährigen Erkrankungen, mit denen wir es überwiegend zu tun haben, ist von Anfang an klar, dass diese Kinder nicht genesen. Sie sind ab Diagnosestellung Palliativpatienten und werden nur von Kliniken begleitet, die Symptome wie etwa Krampfanfälle lindern, Ernährungssonden legen oder bei bestimmten Muskelerkrankungen zum Beispiel Atmungsgeräte anschließen. Das alles zählt zu lindernden und nicht heilenden Behandlungsmaßnahmen. Diese Kinder werden in zunehmendem Alter auch zunehmend pflegebedürftig, weil sie immer weniger Funktionen selbständig ausführen können. Für die Eltern steigt somit die Arbeit zuhause und es wird immer dramatischer in den Familien. Zudem werden die Eltern auch nicht jünger und müssen körperlich mehr leisten, da die Kinder wachsen. Mal ganz abgesehen von dem psychischen Faktor, dass das Kind nicht wie bei einem Unfall plötzlich tot ist, sondern sie ihr Kind vielmehr stückchen- oder scheibchenweise verlieren.

Jeden Tag kann das Kind ein bisschen weniger oder hat mehr dramatische Situationen, wodurch die Angst des näher rückenden Todes bei den Eltern potenziert werden kann. Einige Eltern empfinden es – im Gegensatz zu Kindsverlusten per Unfall – auch als Vorteil, dass sie sich auf den Abschied besser vorbereiten können. Der Verlust des Kindes muss aber natürlich trotzdem verarbeitet werden, mit oder ohne Vorbereitung.

Das Kinderhospiz bietet Eltern ein Forum, in dem sie ihr Schicksal mit ebenfalls Betroffenen teilen können. Denn diejenigen, die gesunde Kinder haben, wollen damit oftmals nichts zu tun haben, wodurch wiederum die Eltern auch Freunde verlieren. Das ist nicht bösartig, sondern rührt daher, dass viele Menschen damit nicht umgehen können. Teilweise sind es nicht nur die Freunde, sondern sogar Verwandte, die das nicht ertragen können. Es kommt auch vor, dass durch die Krankheit Ehen in die Brüche gehen und die Mutter allein bleibt.

Mitte Juni organisieren wir einen Erinnerungstag, an dem wir die Familien einladen, von denen Kinder verstorben sind. Im Rahmen dieser Veranstaltung findet eine Andacht statt, werden Kerzen für die Kinder angezündet und Kuchen gegessen.

Wir haben einen kleinen Teich im Garten, in den die Eltern
einen von ihnen bemalten Stein für ihr verstorbenes
Kind legen. Ich habe festgestellt, dass die Familien
über zwei, drei Jahre zu diesen Veranstaltungen kommen,
manche kommen auch ein viertes Mal. Es ist eben
nicht nur dieses Trauerjahr, sondern häufig dauert es doch
länger mit der Verarbeitung.

Das Schlimmste, was ich für mich hier mitgenommen habe, ist, dass noch ein Kind in der Familie krank wird, da viele Krankheiten genetisch bedingt sind. Dann haben die Eltern im Abstand von einigen Jahren das gleiche Spiel noch einmal.

Gudrun Trommler (zit. in einer Broschüre des Gesundheitsamtes der Stadt Chemnitz,
1995) schrieb: »Wir leben das Leben besser, wenn wir es leben, wie es ist, nämlich befris-
tet.« Welche Inhalte und Lebenskonzepte suchen die Kinder mit Langzeiterkrankungen,
sofern sie in der Lage dazu sind?

Sie werden natürlich nicht unbedingt planen, ein Haus zu bauen. Viele dieser Erkrankungen greifen jedoch tatsächlich auch das Gehirn an, so dass diese Menschen
irgendwann geistig behindert sind. Bei denjenigen ist leider nicht viel mit Lebenskonzept. Das ist die eine Gruppe, ansonsten gibt es beispielsweise noch die Muskel-
dystrophien. Bei denen arbeiten zwar die Muskeln nicht mehr, aber das Gehirn
bleibt intakt, ähnlich wie bei den Mukoviszidose-Patienten, die auch eine Krankheit im Körper haben, im Kopf jedoch fit sind. Die haben natürlich ganz unterschiedliche Einstellungen. Die einen sagen: »Ich nehme jetzt den Kredit, ist mir
doch egal« und andere planen eher kurzfristig.

Aber diese Menschen, die teilweise gar nicht ohne
Maschinen leben können, beatmet werden müssen oder
nur auf ihren kleinen Rollis Bewegungen mithilfe
eines Joysticks ausführen können, haben auch ihre Ziele.
Die sind nur anders gesteckt. Häufig gehen sie sehr
ehrgeizig in die Schule, machen eine Ausbildung und
gehen einem Beruf nach. Sie wollen im Grunde so lange wie
möglich ein normales Leben führen. Wobei normal
auch in Anführungsstrichen steht, weil so ein Muko-Tag
morgens um vier Uhr beginnt, wenn die Lunge von dem
zähen Schleim befreit werden muss. Anschließend machen
sie ganz viel Inhalationen, Gymnastikübungen etc.,
um irgendwann um sieben oder acht Uhr auf der Arbeit
zu sein.

Die Medikamente schränken natürlich auch sehr ein. Auf der Onkologiestation
kannte ich einen Jungen, bei dem die Krebserkrankung über fünf Jahre ging und
der sein Abitur auf der Station abgeschlossen hat. Häufig haben sie den Ehrgeiz,
möglichst nicht sitzen bleiben zu wollen, damit sie – sobald die Krebserkrankung
vorbei ist und sie nach Hause gehen – gleich wieder in ihre alte Klasse eingestuft
werden können. Oft haben sie sogar mehr Ehrgeiz als andere Menschen, weil sie
wissen, dass sie halb soviel Zeit haben, um ihre Ziele zu erreichen. Im Jugendalter
taucht die Frage des Warum bereits oft auf. Sie missen die Erlebnisse, die andere in
ihrem Alter haben, weil sie beispielsweise entstellt sind und als Junge keine Freundin finden oder nicht tanzen gehen können, da ihre Beine abgeschnitten sind.
Die Trauer dreht sich also auch um solche alltäglichen Dinge, die im Jugendalter
selbstverständlich sind. Es geht nicht unbedingt immer um das Sterben. So nach
dem Motto: »Ich möchte auch mal rauchen, aber mit der Chemo ist das Schiete.«
Einfach um einmal dieses Gefühl zu haben, wie es ist, zu rauchen. Einige setzen
sich darüber hinweg und sammeln diese Erfahrungen trotzdem, um nicht etwas
verpasst zu haben. Kommt darauf an, wie sie gestrickt sind, habe ich alles erlebt.

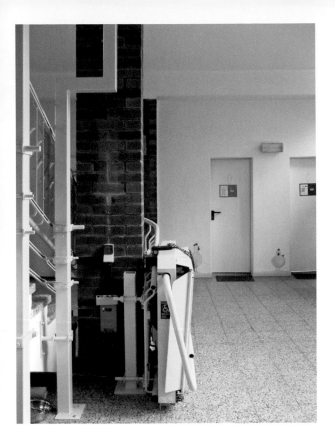

Gibt es ein aufwühlendes Ereignis, welches Ihnen besonders im Gedächtnis geblieben ist?

Für mich als junge Schwester war schockierend, was passierte, als ein türkischer Junge auf der Station starb. Auch wenn der Ablauf eine völlig normale Trauerreaktion in deren kulturellen Kreisen ist. Dieses laute Weinen der Klageweiber. Es wurde ganz viel lamentiert und die gesamte Station war in Aufruhr, was da los sei. Am schlimmsten fand ich, wie die Mutter ihren 15-jährigen Jungen nahm und schüttelte. Er müsse wieder aufwachen und das könne doch nicht sein! Dann riss sie sich ihre Haare raus und schlug mit dem Kopf gegen das Bett. Also das war sehr dramatisch und ging mir nahe, da ich durch die Begleitung den Jungen kannte. Für gewöhnlich läuft die Verabschiedung sehr ruhig ab und dort herrschte ein Chaos. Schlimm ist auch, wenn klar ist, dass die Person demnächst stirbt, der Arzt das aber nicht kapiert und noch ganz viel macht. Auf diese Weise hat der Mensch gar nicht die Chance, in Ruhe zu sterben, weil die ganze Zeit noch ein Doktor rumwuselt. Wie man das aus »Emergency Room« kennt: »Wir drücken da rum und verfallen in wilden Aktionismus.«

In solchen Fällen besteht keine Möglichkeit zu interagieren?

Das ist in der Situation schwierig. Da kann man sich im Nachhinein in Ruhe hinsetzen und sagen, dass das etwas fehl am Platze war. Beim Arzt habe ich immer nur am Ärmel gezupft und in der Hoffnung, dass er mich hört, gesagt: »Komm, ist gut.« Aber er war auch in seinem … Wahn.

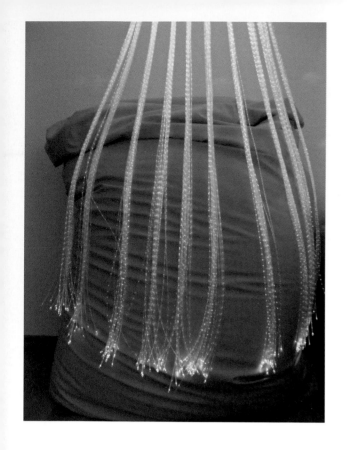

Bei der Verabschiedung des türkischen Jungen
habe ich ein Kissen genommen und es
zwischen das Bett und den Kopf der Mutter gehalten,
damit der nicht noch mehr aufschlägt.

Wir haben versucht, sie ein bisschen zu beruhigen, was sich aber auch als schwierig herausstellte, weil nach islamischer Tradition das Pflegepersonal nicht mehr ans Bett des verstorbenen Jungen darf und er vollkommen abgeschirmt war. »Ungläubigen« wird der Zutritt zum Verstorbenen verwährt.

Vielleicht noch ein positiv stimmendes Gegenbeispiel?

In dem Fall ging es um selbstbestimmtes Sterben. Ein Mädchen hatte Leukämie mit Rückfällen und es war klar, dass sie sterben würde. Sie hatte im wahrsten Sinne des Wortes eine Palliativbehandlung. Palliativ muss nämlich nicht heißen, dass man keine lebensverlängernden Maßnahmen in Form von Therapien mehr macht, aber der Kosten-Nutzen-Effekt wird stärker berücksichtigt. Ist es das Ziel, einen Patienten zu heilen, werden auch die Nebenwirkungen einer Chemo eher in Kauf genommen. Im palliativen Bereich wird man die Therapie so austarieren, dass die Nebenwirkungen nicht so stark sind, da der Mensch ohnehin nicht wieder gesund wird, jedoch das Ende hinausgezögert werden kann. Sie hat mit ihren 15 Jahren ganz klar definiert, was sie möchte und was sie nicht möchte. Durch die jahrelangen Chemotherapien wusste sie, dass sie durch zu viel Cortison dick im Gesicht wird. Sie wollte Cortison, aber in so einer Dosis, dass sie nicht hässlich wird. Sie wollte Chemomedikamente, aber so, dass nicht die Haare ausfallen. Dafür kann man nicht jedes Medikament anwenden. Außerdem nahm sie in Kauf, dass sich ihre Blutwerte verschlechterten, weil sie wusste, dass man die roten Blutkörperchen per Transfusionen geben kann. Ihr war wichtig, nicht so krank zu werden, dass sie nicht als normale Jugendliche leben kann. In ihren letzten Wochen – bei Leukämie lässt sich das sehr klar absehen – wollte sie ihr Leben genießen ... Fit, so lange wie es geht.

Sie kam immer Samstag Vormittag auf die Station und bekam Blutkonserven, damit sie genug Energie hatte, um abends in die Disko zu gehen. Den Rest der Woche ruhte sie sich aus, kam Samstag wieder, Blutkonserven, abends in die Disko.
Bis sie irgendwann samstags kam und sagte: »Sabine, heute brauchst du keine Konserven bestellen, ich bleibe hier.«

Drei Stunden später war sie tot. Sie hat sich ins Bett gelegt, die Augen zugemacht und ist gestorben. Das mit 15 Jahren. Für mich war das schön, wir hatten in dieser Zeit wunderbare Gespräche und das ist Palliative-Care, wie es sein sollte.

Dieses Mädchen hat sehr klar bestimmt, was sie will und was sie nicht will, und hatte ihre Erfahrung. Das Ärztepersonal, die Pflegekräfte und ihre Familie sind mit ihr zusammen diesen Weg gegangen, der für sie der richtige war.

»Wer Sektionen durchführt, muss zahlreiche
normale physische und emotionale Reaktionen
auf die vorsätzliche Verstümmelung
der Leiche eines anderen Menschen zeitweilig
hemmen beziehungsweise unterdrücken.«

(Ruth Richardson, zit. nach Roach, 2005, S. 20)

Rechtsmedizin

Innerhalb der Rechtsmedizin werden laut einer Definition aus dem Jahre 1905 medizinische und naturwissenschaftliche Tatsachen für Zwecke der Rechtspflege erforscht und verwertet. Die zwei Kerngebiete der Rechtsmedizin sind die *klinische Rechtsmedizin*, die sich vereinfacht formuliert mit den Körperverletzungen von lebenden Opfern und Tätern befasst, und die *forensische Pathologie*, in deren Rahmen nichtnatürliche und unklare Todesfälle erforscht werden.

Der Sektionssaal ist das Herzstück der Rechtsmedizin. Zu den wesentlichen Obduktionsformen gehören die klinische und die gerichtliche Obduktion. Aufgabe der *klinischen Obduktion* ist es, vorher ungeklärte Zusammenhänge im Krankheitsverlauf zu entschlüsseln, medizinische Diagnosen und Therapiemaßnahmen zu prüfen und die genaue Todesursache zu klären. Somit zählt die Obduktion zu einer wichtigen Methode der Qualitätssicherung sowie Statistikerhebung und trägt durch innerklinische Rückkopplung maßgeblich zum Erkenntnisgewinn der Medizin bei. Anlass einer *gerichtlichen Obduktion* ist der Verdacht einer strafbaren Handlung. Die Untersuchung, bei der alle drei Körperhöhlen – Kopf, Bauch und Brust – geöffnet werden, soll Aufschluss über die genaue Todesursache und den Todeszeitpunkt liefern. Vor Gericht fungiert der Rechtsmediziner bei der Hauptverhandlung als Sachverständiger, um allen Verfahrensbeteiligten die erhobenen Obduktionsbefunde und festgestellten Körperverletzungen zu erläutern.

Der Rechtsmediziner beschäftigt sich jedoch wie bereits erwähnt nicht nur mit Verstorbenen, sondern ist auch mit der Beweismittelsicherung bei Lebenden betraut. Seine Untersuchungen von Vergewaltigungsopfern, misshandelten Kindern und anderen Gewaltopfern, aber auch das Erkennen von Selbstbeschädigung dienen der Klärung von zivil-, straf- und versicherungsrechtlichen Fragen.

Weitere wichtige Tätigkeitsfelder des Berufs sind die *Hämogenetik*, die Untersuchung erblicher Merkmale zur Identifikation einer Person, und die *Toxikologie* – die Wissenschaft der Vergiftungen.

Heute ist die deutschsprachige Rechtsmedizin durch die universitäre Einbindung auf vielen Gebieten international führend. Zu den Forschungsschwerpunkten des Universitätsklinikums Hamburg-Eppendorf zählen unter anderem die Toxikologie, die Erforschung des plötzlichen Kindstodes und der Einsatz bildgebender Verfahren in der Rechtsmedizin. 2005 wurden acht Mitarbeiter des Instituts für ihren Einsatz als Identifizierungsexperten nach der Tsunami-Katastrophe in Südostasien mit dem Bambi in der Sparte »Engagement« ausgezeichnet.

Institut für Rechtsmedizin
Universitätsklinikum Hamburg-Eppendorf
Hamburg

Herr Prof. Dr. med. Klaus Püschel absolvierte sein Medizinstudium
in Hannover. 1983 habilitierte er sich am Universitätsklinikum Hamburg-
Eppendorf, wo er 1985 zum Professor berufen wurde. Zwischen 1989
und 1991 arbeitete er als Direktor im Institut für Rechtsmedizin in Essen.
Seit 1992 ist er Direktor des Instituts für Rechtsmedizin am Universitätsklinikum Hamburg-Eppendorf.

Ich möchte in einem Leichnam lesen wie in einem Buch.

Wussten Sie schon vor dem Studium, dass Sie Rechtsmediziner werden möchten?

Nein, überhaupt nicht. Das hat sich ganz am Ende meines Studiums herauskristallisiert. Mein Interesse ist durch die hochinteressanten Vorlesungen eines sehr dynamischen Dozenten geweckt worden, so bekam ich einen Bezug zum Fach. Ich hatte bereits eine Assistentenstelle in der Sportmedizin fest zugesagt bekommen und habe mich dann auf Grund der Vorlesungen entschlossen, in die Gerichtsmedizin zu gehen.

Wie hat Ihr Umfeld auf Ihre Berufswahl reagiert?

Mein Umfeld hat das nicht weiter kommentiert. Ich habe meine beruflichen Entscheidungen immer nach eigener Überzeugung getroffen. Es gab höchstens Anmerkungen wie: »Klingt ja interessant.« Mein Interesse an Toten war für sie nicht ungewöhnlich, da ich bereits im Studium als Hilfsassistent in der Anatomie und Neuroanatomie gearbeitet habe. Später hat meine älter werdende Mutter gelegentlich gesagt: »Du hast ja einen schweren Beruf.« Ich denke, dass sie aber früh mitgekriegt haben, dass ich das gar nicht so schwer nehme und es für mich eine besondere ärztliche Berufung ist, in der ich mit vielen sehr vitalen Aspekten der Medizin konfrontiert werde.

Was haben Sie Ihren Kindern bezüglich Ihres Berufes erzählt?

Meine drei Kinder sind da so reingewachsen. Da ich auch Dienst zu ungewöhnlichen Zeiten hatte und meine Frau als Ärztin öfter im Nachtdienst arbeitete, musste ich die Kinder gelegentlich zu meinen Einsätzen mitnehmen. Deswegen kannten sich meine Kinder auf den Hamburger Polizeiwachen gut aus.

Anfang der 1990er Jahre gab es in Hamburg den bekannten Fall des Säurefassmörders. In seinem Keller folterte er zwei Frauen im Abstand von zwei Jahren und vergrub ihre zerstückelten Körper in Säurefässer eingelegt in seinem Garten. Das erste entdeckte Säurefass wurde abends gebracht und da habe ich zu Hause erzählt, dass der Mörder die Tote in einem Fass versteckt hat.

Als die zweite Leiche in einem weiteren Säurefass gefunden wurde, kam ich auch erst wieder am nächsten Morgen nach Hause. Daraufhin hat mich mein Sohn gefragt: »Papi, habt ihr wieder ein Fass aufgemacht?«

Das klingt makaber.

Nein, gar nicht, eher sehr rational im Sinne von: »Papa ist nicht zu Hause.« Also dies als Hinweis, dass meine Kinder meinen Beruf ganz normal genommen haben. Und es gab auch schöne Begebenheiten auf den Polizeiwachen. Hatten wir beispielsweise mal nicht so viel zu tun, gingen wir bei der Wasserschutzpolizei auf das Einsatzboot. Oder wenn ich untersucht habe, wie betrunken eine Person ist, schauten meine Kinder durch die Tür zum Arztraum und konnten lebhaft die Gesten nachmachen.

Eine Aufgabe der Rechtsmedizin besteht in der Qualitätssicherung von Diagnosen und Therapien. Ist es schwierig für Sie als Rechtsmediziner, wenn Sie Befunde entdecken, die für Ärzte und Pfleger belastend sind?

Nein, weil ich ganz gut verinnerlicht habe, dass ich unabhängig der Wahrheit und dem Unparteiischsein verpflichtet bin. Ich spreche das offen an und trage damit zur Qualitätssicherung bei. Auch ein Arzt muss sich Kritik gefallen lassen. Das führt ja in aller Regel nicht dazu, dass der Arzt ganz erhebliche Sanktionen zu fürchten hat, sondern nur sehr selten zu einem Verfahren wegen fahrlässiger Körperverletzung oder Tötung. In der Regel muss der Arzt auch nicht seinen Beruf aufgeben, er kann ja weitermachen.

Jährlich gibt es etwa 40.000 Behandlungsfehlervorwürfe. Von diesen werden circa 12.000 bestätigt und 1.500 ziehen strafrechtliche Verfahren nach sich. Jedoch kommt es nur bei durchschnittlich vier Fällen jährlich zu Verurteilungen. Wie erklären Sie die große Diskrepanz in den Zahlen?

Das hängt damit zusammen, dass wir hier über Probleme aus dem Bereich der Biologie reden. Die Justiz verlangt für ihre Urteile eine an Sicherheit grenzende Wahrscheinlichkeit. Es reicht nicht aus, dass man sagt: »Der Arzt hat das nicht gut gemacht, es gibt eine bessere Methode.« Wir müssen auch beweisen, dass die Tatsache, dass er einen Fehler gemacht hat, zu 100 % für den Tod der Person verantwortlich ist und die andere Methode außerdem sicher geholfen hätte. Das können wir jedoch in der Regel nicht belegen, weil sich schwer sagen lässt, wie der Organismus auf die andere Therapie reagiert und ob diese nun wirklich geholfen hätte. Und wenn sie nun nicht hundertprozentig, sondern nur zu 95 % geholfen hätte, können wir zwar sagen, dass der Arzt behandelt hat, aber strafrechtlich ist er dann nicht verantwortlich.

Einen Arzt mit dem normalen Strafrecht
messen zu wollen, ist hochgradig problematisch, weil das Strafrecht diesbezüglich ein sehr stumpfes Schwert ist.

Ärzte sind ja auch gar nicht verpflichtet, dem Patienten gegenüber einen Behandlungs-fehler zu offenbaren.

Nein, aber wir als Rechtsmediziner sind verpflichtet, das anzuzeigen. Selbst wenn wir eindeutig feststellen, dass ein Fehler gemacht wurde, bedeutet diese Tatsache jedoch noch lange nicht, dass der Patient deswegen gestorben ist. Angenommen, ein Arzt erkennt bei einem Schwerkranken einen Herzinfarkt nicht und wendet eine falsche Therapie an, dann müssen wir noch beweisen, dass der Patient mit der richtigen Therapie überlebt hätte.

Das ist natürlich im Nachhinein etwas schwierig.

Ja, vor allem weil Herzinfarkte sowieso in 10–20 % der Fälle tödlich ausgehen. Wie wollen Sie dann beweisen, dass der Patient durch die richtige Therapie nicht gestorben wäre? Das ist unser Rechtssystem. Da kommen die Ärzte strafrechtlich im Prinzip ganz gut weg und das führt bei den Patienten immer wieder zu Unver-ständnis. Der Normalverbraucher ist dann durchaus empört, weil vieles falsch ge-macht worden sei und der Arzt trotzdem nicht verurteilt wird. Zivilrechtlich ist es ja anders. Deswegen ist die entscheidende Frage, ob das Strafrecht überhaupt die richtige Methode ist, um einen Arztfehler zu untersuchen und zu sanktionieren, oder ob man nicht gleich das Zivilrecht bemühen sollte. Gute Rechtsanwälte ver-suchen es gar nicht erst im Strafrecht, sondern erheben Klage – wenn überhaupt – nur im Zivilrecht, um Entschädigungsleistungen zu bewirken. Bestünde eine all-gemeine Pflichtversicherung gegen ärztliche Behandlungsfehler, müsste gar keine Schuld zugeteilt werden, sondern der Patient bekäme automatisch eine Entschädi-gung, wenn ein Fehler vorgefallen ist. Das war in der ehemaligen DDR so. Wurde dort ein Behandlungsfehler festgestellt, musste kein Arzt verurteilt werden, sondern es war eine Pflichtleistung des Staates, dem Patienten eine Rente oder Entschädi-gungsleistung zu zahlen. Bei uns müssen wir immer einen Schuldigen finden, was gelegentlich schwierig ist.

Andere rechtliche Konstruktionen wären viel geeigneter, um das Arzt-Patienten-Verhältnis zu beschreiben und daraus die richtigen Schlussfolgerungen zu ziehen.

Es wird geschätzt, dass bei 40–60 % der Verstorbenen die diagnostizierten Todesursachen des Leichenschauscheins nicht mit den tatsächlichen übereinstimmen. In Deutschland werden nur etwa unter 5 % der Verstorbenen obduziert, somit bleiben etwa 1200–2400 Tötungsdelikte unerkannt. Hängt das damit zusammen, dass es in Deutschland keine speziell ausgebildeten Leichenschauärzte gibt oder wie erklären Sie sich diesen Umstand?

Um daran etwas zu ändern, wäre mehr Personal bei der Polizei, Justiz und Rechts-medizin notwendig und es ist unverkennbar, dass der deutsche Staat sich das nicht leisten will.

Das Interesse der Regierung tendiert dahin, viele kriminelle Dinge im Dunkeln zu lassen, damit die Bürger nicht beunruhigt sind. Es ist auch fraglich, ob die Bürger großes Interesse an einer höheren Aufklärungsquote hätten, weil sie sich dann bedroht fühlen würden. Wenn eine Partei wiedergewählt werden möchte, darf zum Beispiel die Kriminalstatistik nicht schlechter werden. Wird nun dieses Dunkelfeld aufgehellt, indem mehr Tötungsdelikte zum Vorschein kommen, ist das ein Hinweis darauf, dass die staatliche Macht nicht funktioniert. Deswegen wird dieser Bereich nicht so stark mit Personal, Räumlichkeiten und Technik unterstützt, stattdessen werden bevorzugt andere Problembereiche ausgestattet.

Die Frage ist eben, ob das Personal als Lehrer an Schulen, als Sozialarbeiter in der Drogenhilfe beziehungsweise gegen Kindesvernachlässigung oder vielleicht als Soldaten, die im Ausland für uns Dienste tun, eingesetzt werden soll. Und dann kann man sich natürlich nicht so viele Polizisten und Rechtsmediziner leisten. Das muss der Staat abwägen.

Ist dieser Umstand für Sie nachvollziehbar oder würden Sie sich das anders wünschen?

Die Situation in Deutschland ist vergleichsweise günstig und ich fühle mich in diesem Land sicher. Ich glaube, in anderen Ländern ist das durchaus problematischer. Mir ist ganz einfach bewusst, dass man nicht jedes Tötungsdelikt entdecken und aufklären kann. Diese Statistiken werden in unserem System immer kritisch angeführt, aber in diktatorischen Regimen beispielsweise hat das eine ganz andere Dimension. Wenn man keinen Überwachungsstaat mit ständiger Kontrolle aller Plätze möchte, dann wird es das immer geben. Was man akzeptiert, das wird demokratisch entschieden. Wir wählen die Politiker immer wieder neu, folglich finden wir es richtig.

Die von Ihnen genannten Zahlen stimmen aber alle, um das noch einmal zu sagen. In Deutschland liegt die Sektionsquote mittlerweile bei 3 % und die Angaben in den Totenbescheinigungen sind in der Hälfte der Fälle unzutreffend – auch bezüglich entscheidender Diagnosen. Das betrifft aber weniger die Tötungsdelikte, sondern eben auch die Frage, ob jemand an einem Herzinfarkt oder einer Lungenembolie gestorben ist. In Bezug auf die nicht entdeckten Tötungsdelikte ist die Größenordnung denke ich richtig: ein entdecktes auf ein nicht entdecktes. Das Verhältnis 1:1 bezieht sich jedoch nur auf mehr oder weniger offensichtliche äußere Gewalt, nicht aber auf falsche Medikamentendosierung oder beispielsweise Vernachlässigung alter Menschen. Bezieht man diese Grenzbereiche mit ein, dann ist das Ausmaß ganz anders.

Hatten Sie schon Todesfälle, die sich als Tötungsdelikte herausstellten und besonders schwer entschlüsselbar waren?

Klar. Allerdings sind die meisten Fälle einfacher, als das in den Krimis dargestellt wird. Die Schwierigkeiten in unserer Arbeit liegen häufig auf ganz anderen Ebenen. In den Krimis ist das ganz besondere Kombinationsdenken einzelner Kriminalkommissare gefragt. Innerhalb unserer professionellen Arbeit stoßen wir an die Grenze, dass mit den rechtsmedizinischen Befunden allein der Täter nicht überführt werden kann. Es ist auch weniger unsere als die Aufgabe der Polizei, den Täter zu identifizieren. Man muss sich davor hüten, den Fall als Rechtsmediziner mit besonderem Ehrgeiz aufklären zu wollen.

Ich schildere immer gern den Fall von Jessica, einem Mädchen, welches mit sieben Jahren in der Wohnung ihrer Eltern verhungerte. Wir konnten kompetent alle Fragen des Gerichtes beantworten: Wie lange sie vernachlässigt wurde, dass sie nicht mehr die Sonne gesehen hat, nicht mehr aufrecht stehen konnte etc. Im Anschluss wurden die Eltern tatsächlich wegen Mordes verurteilt. Auch im Fall des zweijährigen Kevin aus Bremen, der auf richterlichen Beschluss nur noch tot aus der Wohnung seines Ziehvaters geholt werden konnte, haben wir sehr professionelle Leistungen erbracht. Es handelte sich um ein Tötungsdelikt.

Wir fanden heraus, dass das Kind nicht nur
drei oder vier Frakturen erlitten hat,
sondern 25. Dafür schnitten wir jeden einzelnen Knochen in Scheiben.

Dieser Aufwand kennzeichnet meinen besonderen Ehrgeiz zur Aufklärung von kindlichen Todesfällen. Insgesamt arbeitet unser Hamburger Institut auf hohem Niveau, weil wir über günstige Arbeitsbedingungen verfügen. Hamburg ist die einzige Stadt in Deutschland, die sich eine öffentliche Leichenhalle für alle ungeklärten und merkwürdigen Todesfälle leistet. Nur in Hamburg werden alle seltsamen Fälle in das Institut für Rechtsmedizin überführt. Deshalb haben wir hier eine recht große Leichenhalle und so werden zumindest alle dubiosen und unklaren Fälle in einer äußeren Leichenschau von einem Rechtsmediziner gesehen. Deswegen gibt es in Hamburg weniger nicht entdeckte Tötungsdelikte.

Treten Kindesmisshandlungen vorwiegend bei Eltern auf, die sozial schlechter gestellt oder weniger gebildet sind?

Da muss man weit ausholen: Meint man seelische Misshandlung, körperliche Misshandlung, Vernachlässigung oder sexuellen Missbrauch? Die Täterschaft ist unterschiedlich gelagert. Wenn man körperliche Misshandlungen analysiert, dann kommen sie bei sozial Unterprivilegierten eindeutig gehäuft vor. Dort sind auch andere Probleme stärker vertreten: der Alkoholismus der Eltern, schlechte Wohnverhältnisse und dichtes Aufeinanderhocken, wodurch Kinder leichter zum Störfaktor werden können. Es gibt viele Erklärungen dafür, auch dahingehend, dass sich solche Missstände unter den Bedingungen, unter denen diese Familien leben müssen, teilweise einfacher feststellen lassen. Diese Menschen wohnen dichter zusammen, Nachbarn und Sozialarbeiter kriegen eher von Dingen mit, die unter Umständen woanders gar nicht so unbedingt bemerkt werden würden, weil sie leichter verborgen werden können.

Die Vergiftungsstatistiken haben sich im Laufe der Geschichte immer wieder gewandelt. Beispielsweise haben die Vergiftungen durch Laugen und Säuren stark abgenommen, dafür tauchten Reinigungs- und Desinfektionsmittelvergiftungen vermehrt auf.

Reinigungs- und Desinfektionsmittel spielen bei Todesfällen kaum eine Rolle. Das sind ungewöhnliche Ausnahmefälle. Bei Intoxikationen stehen die üblichen Substanzen, die auch immer in den Medien stehen, im Vordergrund: Alkohol, illegale Drogen und Medikamente. Ansonsten gibt es noch einige Giftstoffe, die vorwiegend im Zusammenhang mit suizidalen Handlungen eingenommen werden, in Einzelfällen unfallbedingt oder in ganz seltenen Fällen auch als Mordgift verabreicht. Wobei Giftmord im klassischen Sinne heutzutage äußerst selten vorkommt.

Gilt das Erkennen von Vergiftungstodesfällen immer noch als »Schreckgespenst« für wenig erfahrene Obduzenten?

Äußerlich sieht man bei tödlichen Intoxikationen gar nichts – jedenfalls meistens. Bei einigen Vergiftungen bestehen spezielle Gerüche oder besondere Farbveränderungen, wenn zum Beispiel etwas Mageninhalt erbrochen wurde. Aber gerade bei einer Vergiftung sind die äußeren Befunde wenig richtungsweisend. Statistisch sind bei Tötungen durch Gift Medikamente am stärksten vertreten. Ganz häufig geht es dabei auch gar nicht um eine Überdosierung. Es gibt auch solche Situationen, dass beispielsweise ein altenpflegebedürftiger Mensch sein Insulin nicht bekommt. Wenn ihm sein Medikament entzogen wird, stirbt er. Genauso stirbt man auch, wenn das verordnete Medikament stark überdosiert wird. Zu viel, zu wenig, zum falschen Zeitpunkt ...

Die Darstellung von Leichen in den Medien, speziell dem Fernsehen, ist in der Regel deutlich harmloser als die Realität. Als Rechtsmediziner sehen Sie unter Umständen Wasserleichen mit abgelöster Oberhaut, Verkehrsopfer, die kilometerweit von PKWs mitgeschleift wurden, oder postmortalen Haustierfraß. Gibt es eine Todesart, mit der Sie besonders ungern konfrontiert werden?

Meine Aufgabe ist es, Tote zu untersuchen, und nachdem ich das nun lange mache, gehe ich an jeden Toten mit dieser professionellen Einstellung heran und empfinde keine besondere Belastung in so einer Situation. Wir hatten vorhin das Beispiel des Säurefassmords. Wenn ich Ihnen die Bilder zeige, würden Sie sich wahrscheinlich belastet fühlen. Die Überreste, die man in den Fässern gefunden hat, trugen besonders wenig menschliche Züge, da der Zerstörungsgrad sehr fortgeschritten war. Andere Beispiele wären die Zerstörung durch natürliche Einflüsse wie etwa Fäulnis. Dies ist extrem und in großer Zahl beispielsweise nach dem Tsunami in Thailand aufgetreten. In unserer Region ereignen sich beispielsweise extreme Hochgeschwindigkeitsunfälle oder Unfälle mit besonders schweren Fahrzeugen. In solchen Fällen ist der Körper stark zerstört, aber das facht vor allen Dingen meinen Ehrgeiz an. Dort muss ich dann besonders genau hinschauen, weil die Gefahr, dabei etwas zu übersehen, besonders groß ist. Ich vertrete immer das Prinzip: Ich bin der letzte Arzt. Ich muss auch dem toten Patienten gerecht werden. Ich finde es wenig akzeptabel, wenn ich sehe, wie Kranken oder besonders stark entstellten Verletzten schon mit einer gewissen Distanz begegnet wird.

S-Nr.		
Gehirn	1380	1240
Herz		123
Lunge		Re 243 Li 174
Nieren		li. 52 re. 57
Leber	r .0,5 li. 1,1	560
Milz	Tricusp.dal. 9,5 Pulmonal 5,3	59
Thymus	Aorten Mitral 6,5	54

Gestaltet sich der Umgang mit Verstorbenen in der Praxis immer respektvoll oder kommt es auch vor, dass Menschen in ihrer Arbeit mit Leichen versuchen, sich durch Humor von der eigenen Betroffenheit zu distanzieren?

Das ist alltäglich im Routineablauf. Es werden im Sektionssaal durchaus spaßige Geschichten des alltäglichen Lebens erzählt, etwas, was im Angesicht des Todes im Grunde banal ist. Zum Teil kommt da auch schwarzer Humor zum Tragen, wenn beispielsweise irgendwelche besonderen Befunde am Leichnam auffindbar sind: etwa Tätowierungen einer schönen Frau oder ein seltsamer Tigerkopf an irgendwelchen ungewöhnlichen Stellen. Dann wird darüber schon mal eine anzügliche Bemerkung gemacht. Was ich allerdings beklage und nicht akzeptiere, ist, wie die Arbeit im Fernsehen dargestellt wird – völlig unmöglich. Dass zum Teil im Angesicht des Todes gegessen oder geraucht wird, so etwas ist bei uns streng verboten. Ich kritisiere auch immer ausdrücklich das Kaugummikauen und selbstverständlich ist auch Alkoholkonsum bei uns verboten. Die Ausrede, durch flotte Sprüche oder alkoholische Drinks die schwere Arbeit besser in den Griff zu kriegen, zieht bei mir nicht. Trotzdem gibt es auch humorvolle Geschichten, die ich auch erzähle. Es macht keinen Sinn und entspricht nicht meiner Einstellung, im Zusammenhang mit Toten eine Leichenbittermiene aufzulegen und traurig auszuschauen.

Für mich ist die Sektion eines unklaren Todesfalls stets ein interessanter Kasus, ich habe eine Aufgabe, ich muss das lösen. Die Würde des Menschen wahrzunehmen bedeutet für mich, dass ich rekonstruieren muss, was mit ihm passiert ist. Welche Abläufe ihn vom Leben zum Tode gebracht haben. Und ich finde es ausgesprochen würdelos, wenn man diesen Menschen einfach in eine schwarze Kiste tut – sprich Sarg –, ihn der Erde übergibt und nicht untersucht, was passiert ist.

Reizt Sie demnach auch ein wenig das Lösen eines Rätsels?

Das ist ein Aspekt. Aber der andere ist das Wahrnehmen der Interessen des Verstorbenen. Zu einem würdevollen Sterben gehört für mich, dass ich weiß, warum.

Wenn mir gesagt wird: »Rührt den Verstorbenen
bitte nicht an! Wir wollen, dass er in unserer Erinnerung
so bleibt«, finde ich genau das würdelos. Ich soll den
Leichnam nicht aufschneiden, damit er heil in den Himmel
kommt. Das verbinden viele Menschen mit Würde.

Dann sage ich: »Das kann doch nicht wahr sein! Ihr wisst nicht, ob er vergiftet wurde oder im Zweifelsfall eine Kugel im Kopf hat und dann meint Ihr, er soll würdig unverändert in die Erde gebracht werden?«

Eine durchaus nachvollziehbare Ansicht. Nur ist die Vorstellung, dass die Schädeldecke eines nahestehenden Menschen aufgesägt wird, natürlich für Außenstehende erst einmal recht gewöhnungsbedürftig.

Das muss man machen, anders geht es eben nicht. Aber klar, das ist das, was als sehr belastend von vielen empfunden wird. Ich kann die Todesursachen jedoch nicht mit Hand auflegen klären. Wir bemühen uns sehr um Methoden, die schonender sind, wie zum Beispiel bildgebende Verfahren und Computertomografie. Aber in vielen Fällen können wir das Tatgeschehen eben nur klären, indem wir den Körper aufschneiden. Das muss auch sein, denn ohne das Aufschneiden macht im schlimmsten Fall der Täter weiter. Oder aber der Täter ist vielleicht noch der angeblich trauernde Erbe und hat die persönlichen Vorteile davon. Unter Umständen ist das sogar derjenige, der sagt, für ihn sei es nicht würdevoll, wenn wir diesen Menschen untersuchen. Und da sollen wir zum Schutze des Täters den Körper nicht aufschneiden? Das ist so ähnlich wie mit Datenschutz, das ist Täterschutz. Den Leichnam unversehrt zu lassen, heißt, die Tat im Dunklen zu lassen sowie Täter zu unterstützen.

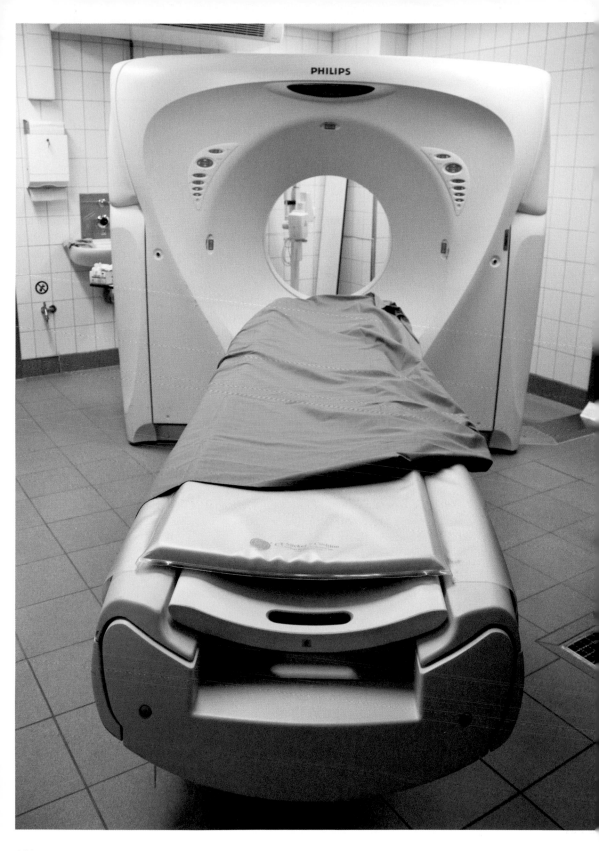

In den ersten Lehrjahren werden bei den makroskopischen Anatomiekursen die Leichen zu einem Großteil abgedeckt. Dies dient der Objektivierung und Entpersonalisierung des Verstorbenen. Wie war es, als Sie Ihre erste Obduktion durchgeführt haben?

Das hat sich im Laufe der Zeit weiterentwickelt beziehungsweise zurückgebildet. Am Anfang hatte ich eher Überlegungen, die in die Richtung gingen: Was für ein Mensch war das? Was für ein Schicksal hatte diese Person? Heute habe ich mehr diesen Rätselaspekt, den Ehrgeiz zur professionellen Rekonstruktion. Ich glaube auf der anderen Seite, dass ich mir aufgrund meiner jahrelangen Erfahrung durchaus viele Dinge aus dem Leben und zum Leiden vor dem Tod ganz gut vorstellen kann. Meiner Ansicht nach begegnen Pathologen und Rechtsmediziner dem Verstorbenen letztlich mit mehr Sensibilität als diejenigen, die behaupten, es sei besonders sensibel, ihn nicht zu untersuchen.

Ich meine damit auch nicht die Würde, sondern die persönliche Überwindung.

Für mich ist dabei der Aspekt des Helfens von herausragender Bedeutung. In einigen Fällen können wir nur durch sehr genaues Hinschauen bestimmte Schadensursachen erkennen und helfen, dass andere nicht das gleiche Schicksal erleiden. Eine Gasvergiftung lässt sich beispielsweise nur durch die Untersuchung der Leiche herausfinden. Einige Ärzte sehen das nicht bei der äußeren Leichenschau, weil sie beim Untersuchen des Toten nicht richtig hingucken. Dann sterben andere Menschen in dem gleichen Milieu, weil die Gasquelle immer noch besteht. Oder wenn irgendwo eine offene Stromleitung ist und die Ärzte die Strommarken am Körper nicht bemerkt haben.

Müssen Sie auch manchmal Obduktionen außerhalb vornehmen? Nehmen Sie in solchen Fällen eine Säge mit oder wie läuft so etwas ab?

Wir haben große Spezialkoffer und nehmen die Gerätschaften darin mit: Säge, Messer, Handschuhe, Kittel, Probengefäße, Waage, Maßband etc. Auch haben wir überlegt, ob wir unseren Dienstwagen so einrichten, wie ein Handwerker all sein Werkzeug in seinem Auto hat. Bislang kommen wir aber mit zwei Koffern aus, so dass wir üblicherweise mit denen losfahren. Vor Ort obduzieren wir in der Regel in den Sektionsräumen von Krankenhäusern, in Einzelfällen auch mal auf Friedhöfen.

Im Falle einer Exhumierung?

Ausgegrabene Leichen werden in Räume gebracht, wo wir gute äußere Bedingungen für unsere Untersuchungsmaßnahmen haben. Die äußeren Bedingungen sind natürlich ziemlich belastend und viele Krankenhäuser mögen es nicht, wenn man hochgradig verfaulte Leichen im Krankenhaus untersucht. Aber die großen Krankenhäuser haben normalerweise speziell ausgestattete Institute für Pathologie und dort obduzieren wir.

Werden viele Verkehrstote obduziert?

Der Prozentsatz ist relativ gering. Bei Verkehrstoten geht man in der Regel davon aus, dass der Verkehrsunfall auch den Tod begründet hat. Aber es gibt natürlich Unfälle, bei denen es sich auch um einen Herzinfarkt am Steuer handeln könnte. Und nicht zu vergessen die Extremsituationen, bei denen ein Suizid denkbar ist, sich etwa jemand bei hoher Geschwindigkeit eine Kugel in den Kopf schießt. Regelhaft finden auch Sektionen bei Fällen mit Fahrerflucht statt.

Kam derartiger Suizid vor?

Ja, durchaus. Man kann auf verschiedene Arten und Weisen Suizid begehen.

Entweder man fährt auf der Autobahn in den Gegenverkehr, vor einen Brückenpfeiler, schießt sich während der Fahrt eine Kugel in den Kopf oder schüttet Benzin aus und legt Feuer. Deswegen sollten scheinbare Unfallmechanismen genau untersucht werden, um suizidale Handlungen herauszufinden.

Geht es dabei dann auch um Versicherungsfragen?

Natürlich. In einzelnen Fällen auch um Manipulation an einem Fahrzeug. Vor allen Dingen aber geht es um die Differenzierung zwischen Tod aus innerer Ursache, Unfall oder Suizid. Wenn jemand gegen den Brückenpfeiler gefahren ist und in seinem PKW stirbt, gibt es alle Möglichkeiten. Die Rate der Obduktionen bei Verkehrsunfällen ist in meinen Augen viel zu gering – wie in allen anderen Bereichen auch. Es wird viel zu häufig davon ausgegangen, dass es sich um einen Unfall handelt. Hier ist die Dunkelziffer ähnlich hoch wie bei Mordfällen, wenn nicht höher.

In Krankenhäusern sollte ebenfalls viel sorgfältiger hingeschaut werden. Was der Patient erzählt, muss nicht zwangsläufig stimmen. Sie kommen dort scheinbar schmerzgeplagt hin und sagen: »Ich habe so starke Rückenschmerzen und Kopfschmerzen.« In Wirklichkeit wollen sie aber nur Versicherungsleistungen und kassieren zum Beispiel beim Halswirbelsäulen-Schleudertrauma. Das ist natürlich besonders schwer nachzuweisen.

Aber wenn der Finger fehlt und behauptet wird,
das sei ein Unfall beim Holzhacken gewesen ...
Dann sollte man in seine Überlegungen schon
einbeziehen, ob die Person eine gute Versicherung
hat. Wie kann ich erkennen, ob der Finger
beim Holzhacken unfallmäßig oder gewollt abge-
trennt wurde?

Durch die Richtung?

Wenn man aus Versehen in seine Hand hackt, trifft man natürlich mehrere Finger und haut in der Regel auch relativ peripher oder schräg rein. Will ich aber nur einen Finger abhacken, weil ich dann schon die Versicherungssumme erlange, dann lege ich ihn üblicherweise hin und hacke ihn einzeln ab. Nicht gerade geschickt, weil so jeder weiß, dass es sich um die sogenannte Exekutionshaltung handelt. Aber viele Mediziner im Krankenhaus glauben das, weil sie verständlicherweise nur an das Helfen und Versorgen der Verletzung denken. Der Extremfall bei Versicherungsbetrug ist ein Suizid. Wenn jemand seine Familie gut versorgen will, dann schließt er eine schöne Lebensversicherung ab und fährt nachher mit dem Auto gegen die Wand. Möchte man allerdings selber noch etwas davon haben, probiert man mit möglichst wenig Schaden möglichst viel Geld zu bekommen. Gehäuft treten derartige Betrugsfälle übrigens bei Ärzten auf, wenn sie besonders hohe Versicherungssummen abschließen.

Werden in Hamburg auch forensische Gesichtsrekonstruktionen gemacht?

Dort hinten steht eine Nachbildung des Schädels von Störtebecker. Wenn Sie wissen wollen, wie dieser Piratenkapitän ausgesehen hat, dann modellieren wir auf diesem Schädel sein Gesicht nach. Hierfür arbeiten wir in enger Kooperation mit Anthropologen. In der rechtsmedizinischen Praxis kommen derartige Identifizierungsmaßnahmen jedoch sehr selten vor. Bei starker Entstellung des Gesichts durch einen Schrotschuss zum Beispiel, wenn überhaupt kein Anhaltspunkt bezüglich der Identität des Toten besteht, kann die Gesichtsweichteilrekonstruktion sinnvoll sein. In so einem Fall wird versucht, über das Gesicht herauszufinden, um wen es sich handeln könnte. Ich halte das aber für keine besonders erfolgversprechende Methodik. Die meisten Fälle können anders sicherer identifiziert werden. Verschwindet hier in Hamburg jemand, dann wird das üblicherweise der Polizei gemeldet. Wenn eine unbekannte Wasserleiche oder auch nur ein Schädel aufgefunden wird, dann fragen wir, wer in den letzten fünf Jahren vermisst wurde. Im Anschluss untersuchen wir den Knochenfund und können anhand dessen das Alter und Geschlecht eingrenzen. Über DNA-Vergleichsuntersuchungen kann die Person dann identifiziert werden.

Wie lange können Sie noch Rückschlüsse auf die Organe ziehen?

Das hängt von vielen Faktoren ab. Für gewöhnlich wird die Befunderhebung umso schwieriger, je länger die Leichenliegezeit ist. Befindet sich der Leichnam nicht im Kühlraum, fängt die fortschreitende Zersetzung nach drei bis fünf Tagen an. Bei höheren Temperaturen draußen ist nach drei Tagen wenig übrig. Sobald Fäulnis eintritt, wird es insgesamt problematisch. Systematisch haben wir das beispielsweise bei Exhumierungen untersucht. Da kann man bestimmte Befunde sogar noch nach zehn Jahren erheben. Ein wichtiger Faktor sind die äußeren Bedingungen. Extremfälle wären Moorleichen oder tiefgefrorene Leichen. Bei diesen besonderen Bedingungen bleiben über viele Jahre bestimmte Befunde wie in einer Zeitkapsel erhalten.

Im südlichen Niedersachsen wurde 2005 beim Torfabbau eine Moorleiche entdeckt. Dort habe ich früher sogar selber gewohnt und bin in dem Moor spazieren gegangen. Zuerst wurde angenommen, dass es sich um ein neuzeitliches Mordopfer handelt.

Später stellte sich heraus, dass der Fund 2650 Jahre alt ist. Deswegen haben wir sie »Moora« getauft. An ihr ließen sich noch wunderbar erhaltene Knochenstrukturen nachweisen. Die querverlaufenden weißen Linien auf den Röntgenbildern der Schienbeine zeigen, dass das 16-jährige Mädchen nicht genug zu essen hatte und periodenweise in der Winterzeit hungern musste.

Eine Hand war sogar so gut erhalten, dass wir Fingerabdrücke von ihr machen konnten. Wäre sie beim Bundeskriminalamt registriert, könnten wir die Person heute noch identifizieren. Da kommt doch wissenschaftliche Begeisterung auf!

Im 16. Jahrhundert gab es in Padua und Bologna Anatomische Theater. In ihnen wurden Sektionen teilweise als mehrtägige öffentliche Spektakel mit musikalischer Untermalung und Ballett inszeniert. Nicht nur Medizinstudenten, auch wichtige Persönlichkeiten und die normale Bevölkerung saßen auf den etwa 300 Schauplätzen. Zwar erscheint dieser Voyeurismus heute befremdlich, besteht aber im Grunde in anderen Formen nach wie vor. Spezielle Internetseiten stellen Ermordete, Verkehrstote und andere Grausamkeiten zur Schau und deuten auf eine Ambivalenz zwischen Ekel und Faszination, die Menschen innezuwohnen scheint. Kennen Sie diese Ambivalenz von sich selbst und wie gehen Sie damit um?

Ich weiß, dass diese Art Voyeurismus bei vielen Menschen eine gewisse Rolle spielt. Zum einen ist das eine verständliche Neugier. Sie wollten wissen, wie der menschliche Körper aufgebaut ist, wie eine Leber oder Milz aussieht. Das kann ich gut nachvollziehen. Zum anderen geht es dabei um den Nervenkitzel. Aus dem gleichen Grund werden auch Krimis geschaut und manche sehen sich vielleicht gern schwer verletzte Personen bei Flugzeugcrashs an. Bei mir besteht der fachliche Reiz schon darin, dass ich morphologische Befunde im bildlichen Sinn sehenswert finde. Ich versuche, gewebliche Befunde zu verstehen. Auch sehr ungewöhnliche und bizarre Verletzungen sind für mich hochinteressante Spuren. Als Herausgeber einer Zeitschrift habe ich bewusst eine Rubrik entwickelt, die »Der besondere Fall im Bild« heißt. Ich möchte besonders ungewöhnliche morphologische Befunde dargestellt haben und daraus lernen.

Beim Betrachten verschiedener Rechtsmedizinbücher ist mir aufgefallen, dass in einigen die Leichen mit schwarzen Balken unkenntlich gemacht wurden, bei anderen hingegen nicht. Inwiefern müssen die Persönlichkeitsrechte eines Verstorbenen gewahrt werden?

Für mich ist selbstverständlich, dass alle individuellen Merkmale unkenntlich gemacht werden. Wenn das in Einzelfällen nicht der Fall ist, ist das ein ungewolltes Versehen. Im Grunde sind sich heutzutage alle Gerichtsmediziner einig, dass Persönlichkeitsrechte zu schützen sind. In Fällen, wo zum Beispiel Genitalverletzungen vorliegen oder intime Eigenschaften abgebildet sind und später die Akte auf dem Richtertisch liegt, wird sogar abgewogen, ob die Befunde, obwohl sie relevant sind, überhaupt fotografiert werden müssen. Unter Umständen schaut nachher noch einmal der Täter selbst mit seiner bedrückenden Phantasie drauf. Deswegen beschreiben wir das dann lieber nur und machen keine Fotos. Das Gesicht ist weniger problematisch, da es sowieso immer sichtbar ist. Damit meine ich nur die Gerichtsakte, nicht etwa die öffentliche Präsentation in den Medien. Bei einer nackten Brust hingegen überlegen wir uns schon genau, ob die unbedingt fotografiert werden muss. Sicher gibt es auf den Bildern in unseren Lehrbüchern auch immer wieder Befunde, wo man mit der Anonymisierung noch hätte weitergehen müssen, teils sogar in eigenen Publikationen, die ich früher gemacht habe. Wenn aber der Fall zwanzig Jahre zurückliegt und kein Mensch mehr einen Bezug zu dieser Person hat, könnte man das Bild vielleicht auch so lassen. Bei einem verhungerten Baby etwa weiß nach einiger Zeit kein Mensch mehr, wie das Kind ausgesehen hat. Das Bild muss Aussagekraft haben, wenn ich das Greisengesicht eines verhungerten Kindes zeigen möchte mit den tief in den Augenhöhlen liegenden Augen. Lege ich in so einem Fall einen schwarzen Balken über das Gesicht, ist ein relevanter Befund verloren. Das ist eine prinzipielle Frage, heutzutage geht die Tendenz dahin, das Gesicht eher nicht zu zeigen. Unter Kollegen wird auch intensiv darüber diskutiert, ob wir uns untereinander bei Tagungen bestimmte Befunde zeigen sollten. Ein gutes Beispiel sind Tötungsmechanismen.

Kürzlich hat ein Kollege einen Film vorgeführt, wie sich eine Person beim Suizid durch Erhängen selbst aufgenommen hat. Ich finde das richtig. Die jungen Mitarbeiter müssen wissen, wie die körperlichen Reaktionen bei einer Strangulation sind. Dafür muss man auch so einen Film anschauen.

Einige Rechtsmediziner stellen die Notwendigkeit aber in Frage und wollen weder Bilder noch Filme davon sehen. Worauf ich entgegne: »Ja, dann versteht ihr es einfach nicht richtig.« Wir sehen häufig nur das Ergebnis des Lebensendes beziehungsweise Todeskampfes, wollen aber auch wissen, wie es zu dem Ergebnis kommt. Das bedeutet auch tatsächlich zu sehen und zu begreifen, was für Krämpfe der Erhängte hatte und wie sein Körper gezuckt hat. Das hilft uns später schon beim Untersuchen einer Leiche. Wenn wir Blutungen in diesen und jenen Muskelgruppen erkennen, können wir uns den Ablauf dann besser vorstellen.

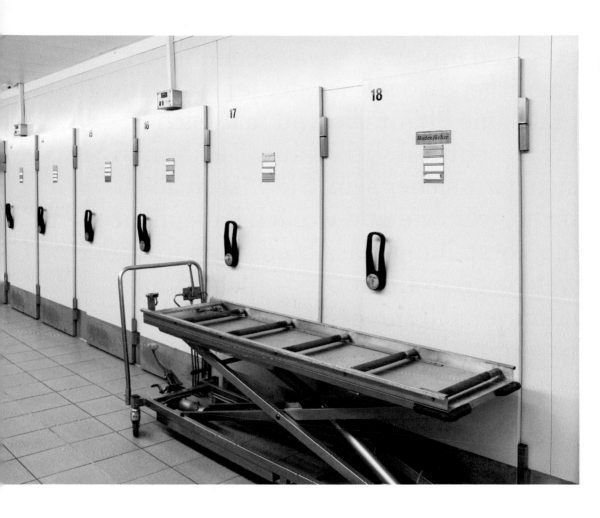

Wenn Sie beispielsweise herausfinden müssen, welche Gewalteinwirkung genau zum Tod des Opfers geführt hat, entsteht dabei doch sicher eine recht genaue Vorstellung des Tathergangs. Welche Auswirkungen hat das auf Ihr Menschenbild, wenn Sie solchen Abgründen und Tragödien begegnen?

Die Geschichte hat gezeigt, dass wir Menschen zu allem Möglichen im Stande sind. Wenn Sie überlegen, was im Namen der Religion alles gemacht wurde: Junge Frauen mussten als Hexen auf Scheiterhaufen verbrennen und davor wurde gebetet und dann noch behauptet, das sei im Sinne des Glaubens gewesen. Was soll das? Und diese Leute sagten, sie seien friedlich und gesetzestreu gewesen. Das ist gar nicht so lange her und Grausamkeiten passieren heute in vielen Regionen dieser Welt auch. Natürlich neigen wir dazu zu sagen: »Was jetzt im Augenblick im Township in Südafrika passiert, ist so weit weg.« Das passiert aber gerade jetzt, während wir vor dem Fernseher sitzen. Wenn man das ernst nimmt, müsste man ja eigentlich sagen: »Oh, ich muss da was tun.«

Als Nächstes könnte man sich fragen, was gerade jetzt in Hamburg passiert. Das ist dann zwar etwas abgemildert, aber irgendwo hat wieder jemand eine ganz grausame Phantasie und malt sich etwas sehr Hässliches aus. Da können Sie sich ganz sicher sein. Sie wissen aber nicht, wer, wie und wo. Ich habe nicht mehr die Vorstellung, dass Menschen irgendwelche grausamen Dinge nicht tun könnten. Ich trage in mir den Gedanken: Es gibt nichts, was es nicht gibt, und nichts, was sie auch nicht tun könnten.

Ist das dann so eine Art Misstrauen Menschen gegenüber?

Ja, das macht mich aber nicht unglücklich. Meiner Erfahrung nach können Menschen, denen ich vom Äußeren her und so, wie ich sie kennengelernt habe, bestimmte Dinge nicht zugetraut hätte, in speziellen Situationen sehr extrem reagieren und ausrasten.

Ist es schwierig für Sie, noch Menschen an sich heranzulassen?

Ganz im Gegenteil: Ich bin immer heilfroh, von netten und positiven Menschen umgeben zu sein, bei denen das Böse nicht vorzuherrschen scheint, und habe da zum Glück wenig schlechte Erfahrungen gemacht. Das macht mich insgesamt besonders positiv meinen Mitmenschen gegenüber. Ich habe zuhause meine Kinder, meine Enkelkinder, meine Ponys ... sie alle sind friedlich. Auch bewege ich mich wenig in Milieus, wo ich meine, dass besondere Gefahren sind.

Sie sind sehr vertraut mit den biologischen Prozessen, die sich nach dem Tod abspielen. Wie ist es dann für Sie, wenn ein Mensch aus Ihrem Umfeld stirbt? Fällt es schwer, sich ausschließlich daran zu erinnern, wie die Person zu Lebzeiten war?

Nein, ich weiß einfach, dass es mit jedem von uns passiert – auch mit mir. Wenn mein bester Studienfreund, den ich gestern Abend erst gesehen habe, plötzlich verstirbt, ist mir natürlich bewusst, dass in einem halben Jahr sein Körper vermodert oder eben verbrannt sein wird. Trotzdem behalte ich ihn in Erinnerung, wie ich ihn jetzt kenne. Dass biologische Wesen sehr vergänglich sind und wir uns zurück entwickeln zu Molekülen und Atomen, ist uns völlig klar. Ich habe diesbezüglich auch keinerlei Illusionen. Der eine oder andere denkt vielleicht, vom Körper bliebe etwas übrig, was in anderen Sphären schwebt. Das ist in meiner Vorstellung nicht der Fall. Wir kehren alle zurück zur Biologie und leben weiter in irgendwelchen Maden und Würmern, die uns fressen, oder anderem Getier, das an uns nagt. Sind wir in einem Sarg in der Erde, kommen diese Wesen nicht so schnell ran. Aber wenn die Holzkiste vermodert, kommen eben dann die Würmer.

Wie sehen die Momente aus, die Ihnen in Ihrem Beruf Freude bereiten?

Na, wenn ich einen tollen Fall geklärt habe.

Das ist dann so ein bisschen wie eine Matheaufgabe lösen?

Klar. Das Rätsel möchte ich gern lösen. Ich möchte wissen, was passiert ist. Was die Todesursache war. Ich möchte in einem Leichnam lesen wie in einem Buch.

Lesen Sie auch in lebenden Menschen so viel?

Ja. Das wird ja immer vergessen: Wir sehen genauso viel lebende Gewaltopfer wie Tote. Im Privatleben bin ich dagegen wenig analytisch ausgerichtet, eher etwas gedankenverloren.

»Sterben bedeutet mit der letzten und endgültigen Grenze des Lebens konfrontiert zu werden. Es stellt damit in sich die größte Herausforderung des Lebens dar.«

(Ulrich Moser, 2000, S. 140)

Altenpflege

Durch den demographischen Wandel gewinnt die Altenpflege zunehmend an Bedeutung. Im Mittelalter dürfte der Anteil der über 60-Jährigen auf die Gesamtbevölkerung gerechnet noch bei unter 1 % gelegen haben. 1958 waren es in der Bundesrepublik etwa 10 %, heute sind es bereits 15 %. Für das Jahr 2010 rechnet das Statistische Bundesamt mit 2,35 Millionen pflegebedürftigen Senioren. Gleichzeitig verlieren die Großfamilien die Bedeutung, die sie früher für die Betreuung der Alten hatten. Allein zwischen 2003 und 2005 hat sich die Zahl der Altenheime um 7 % auf 10424 Heime erhöht.

Durch die rasch wachsende Zahl der Pflegebedürftigen entsteht auch ein großer Bedarf an ausgebildeten Pflegekräften. Der Beruf des Altenpflegers ist entgegen der landläufigen Meinung eine anspruchsvolle Tätigkeit, da im Berufsalltag medizinische, psychologische und pädagogische Kompetenzen gefragt sind. In jedem Altenheim müsste mindestens die Hälfte des Personals durch ausgebildete Fachkräfte abgedeckt sein, was aber im Moment von vielen Häusern nicht erreicht wird.

Die häufigste Ursache für eine Aufnahme im Heim ist die Demenz, allein in Deutschland befinden sich 400.000 Erkrankte in stationärer Pflege. Zwischen einer Alzheimer-Diagnose und dem Tod liegen im Durchschnitt fünf bis acht Jahre. Häufig haben die Senioren jedoch mehrere Leiden gleichzeitig. Die sechs häufigsten Leiden bei über 80-Jährigen sind Schlaganfälle, Sehbehinderungen, Gelenkerkrankungen, Arteriosklerose, Herzerkrankungen und Diabetes. Die Haupttodesursachen bei über 65-Jährigen sind Krankheiten des Kreislaufsystems, vor allem Herzinfarkte und Schlaganfälle, Krebserkrankungen, Erkrankungen der Atemwege wie Grippe und Lungenentzündung und schließlich Stoffwechselerkrankungen wie Diabetes.

Eine weitere Herausforderung der stationären Pflege ist die hohe Zahl älterer Menschen mit psychischen Leiden. Ein Drittel der Suizide in Deutschland wurde 2003 von über 65-Jährigen begangen.

Traditionell ist die institutionalisierte Altenpflege eine der zentralen karitativen Aufgaben der Kirche. Schon im Mittelalter nahmen Klöster alte und pflegebedürftige Menschen auf. Auch das 1993 erbaute Haus Ludwigsau in Nordhessen wird von der evangelischen Altenhilfe getragen. Die Einrichtung verfügt über 62 Einzelzimmer für die Vollzeitpflege und vier Palliativplätze.

Evangelisches Altenhilfezentrum Ludwigsau

Ludwigsau / Reilos

Ernst-Olaf Mende ist Heimleiter des
Evangelischen Altenhilfezentrums Ludwigsau.
Er ist seit 14 Jahren in der Einrichtung tätig.

Diese verklärte Vorstellung der Generationspflege aus der Vergangenheit kann nicht mehr der Realität entsprechen.

Ihre Einrichtung ist in erster Linie ein Altenheim, hat aber auch eine Palliativabteilung. Wie lange besteht diese Station bereits?

Die Abteilung haben wir im November letzten Jahres eröffnet. Damit zählen wir hier zu den ersten Altenheimen, die stationär eine derartige Abteilung integriert haben. Das Haus selber gibt es aber schon seit 1994.

Wie kam es zu dem Entschluss, diese Abteilung bei Ihnen im Heim zu integrieren?

Unsere Palliativabteilung wendet sich nicht nur an den typischen Hospizpatienten, sondern an sämtliche Menschen, die schmerztherapeutische Behandlung benötigen. Im Grunde genommen ergibt sich aber daraus, dass es sich vornehmlich um austherapierte Schwersterkrankte handelt, normalerweise Krebspatienten, aber auch Menschen, die sonstige Schmerzerkrankungen haben. Das können Parkinsonerkrankte sein, Schlaganfallerkrankte oder schwer demenzerkrankte Menschen, die unter Schmerzen leiden, Beinamputationen haben etc.

Dieser Personenkreis soll in unserem Hause eine Möglichkeit finden, wohnortnah versorgt zu werden, ohne eine weite Reise ins typische Hospiz in Marburg oder Kassel unternehmen zu müssen. Das ist der Hintergrund dieser Abteilung. Wir hatten ganz konkret einen Fall, bei dem deutlich wurde, dass diese Versorgungslücke besteht. Und zwar kam die Nachfrage aus der umliegenden Gemeinde von einem jungen Mann im Alter von 43 Jahren, der sich im Zustand eines schweren Bronchialkarzinoms nach Austherapierung befand. Er konnte jedoch zuhause nicht versorgt werden, weil keine Angehörigen vorhanden waren und eine ambulante Versorgung durch den Pflegedienst auch nicht gewährleistet werden konnte. Der Aufenthalt im Krankenhaus musste ebenfalls beendet werden, da sie keine Möglichkeit mehr hatten, ihn unterzubringen. Wir haben ihn daraufhin in unserem Altenheim aufgenommen. Das war der Anlass, darüber nachzudenken, was wir tun können.

Welche Kapazität hat diese Abteilung?

Wir hatten in unserem Heim die Möglichkeit, eine derartige Einrichtung mit vier Betten zu konstruieren. Im Augenblick also vier Betten, wir sind aber auch soweit, über einen Ausbau nachzudenken.

Wie funktioniert die Finanzierung jener Abteilung?

Die Finanzierung bei uns ist vollkommen atypisch, wir finanzieren uns über die Altenpflege. Die Menschen werden nach ihrem normalen Pflegebedarf eingestuft, in der Regel ist das bei den schweren Erkrankungen die Pflegestufe drei. Wir arbeiten mit Hospizvereinen in Bad Hersfeld und Rotenburg zusammen, die uns in Form einer ehrenamtlichen Sterbebegleitung unterstützen. Diese Arbeit könnte unser Pflegepersonal in der Zeit nicht erfüllen. Der eine Teil wird von der Pflegeversicherung abgedeckt, der andere von dem Ruhestandeinkommen des Betroffenen. Reicht das Geld nicht aus, muss die Sozialhilfe einsteigen.

Haben Sie angestellte Ärzte bzw. Krankenschwestern oder wird Ihre Palliativabteilung von Hausärzten aufgesucht? Gibt es ehrenamtliche Mitarbeiter?

Wir sind auf der Suche nach einer Krankenschwester, um die medizinische Betreuung noch mal auf andere Füße zu stellen, als das bei der Altenpflege der Fall ist. Das ist ein bisschen schwierig, weil unser Anforderungsprofil eben auch sagt, wenn wir jetzt schon neues Personal einstellen, dann vorzugsweise jemanden, der eine palliative Ausbildung hat. Einerseits ist der Markt relativ dünn, andererseits ist dieses Thema in unserer Einrichtung im Grunde gut abgedeckt, da wir mit dem Palliative-Care-Team zusammenarbeiten. Dort gibt es eine Fachärztin, eine Schmerztherapeutin sowie Fachkrankenschwestern, die begleitend zur normalen Hausarztversorgung auch hier ins Haus kommen und die Bewohner versorgen, aber auch ambulant draußen Schmerzpatienten betreuen.

Inwiefern wurden Ihre Mitarbeiter für die Palliativabteilung ausgebildet?

Wir haben vier Fachkräfte, die eine entsprechende Weiterbildung besucht haben und die Praktikantentätigkeiten in Hospizen durchgeführt haben.

Erhalten Sie so etwas wie Supervision oder bestehen Erfahrungsaustausche und Schulungen? Welche Maßnahmen gibt es für die Betreuung der Mitarbeiter?

Supervision gibt es keine, das wäre aber nicht nur ein Thema für diese Abteilung, sondern auch insgesamt für die Altenhilfe. Wir haben das mehrfach angesprochen, das Bedürfnis wurde allerdings bislang noch nicht geäußert von den Mitarbeitern. Sie hatten bis jetzt noch keinen Bedarf, da sie sich mit der gegenseitigen Unterstützung helfen konnten. Das hat sich dieses Jahr ein wenig geändert, da zwei außergewöhnliche Situationen eintraten, die bis dahin noch nicht vorkamen. Wir hatten auf unserer Station einen Suizid, was Mitarbeiter aus der Bahn geworfen hat. Und wir haben diese neue Station aufgemacht, auf der die Menschen in kürzeren Abständen sterben. Das heißt, die Beziehungsgeflechte können nicht so vertieft werden wie im normalen Wohnbereich. Dort können sich die Mitarbeiter auf die Menschen über einen Zeitraum von fünf, sechs oder gar acht Jahren einlassen. Auf der Palliativstation beschränken sich die Aufenthalte auf wenige Monate, Wochen oder sogar Tage. Dadurch ist die Beschäftigung mit dem Tod deutlich intensiver, wo natürlich auch die Frage nach dem eigenen Tod immer wieder gestellt werden muss.

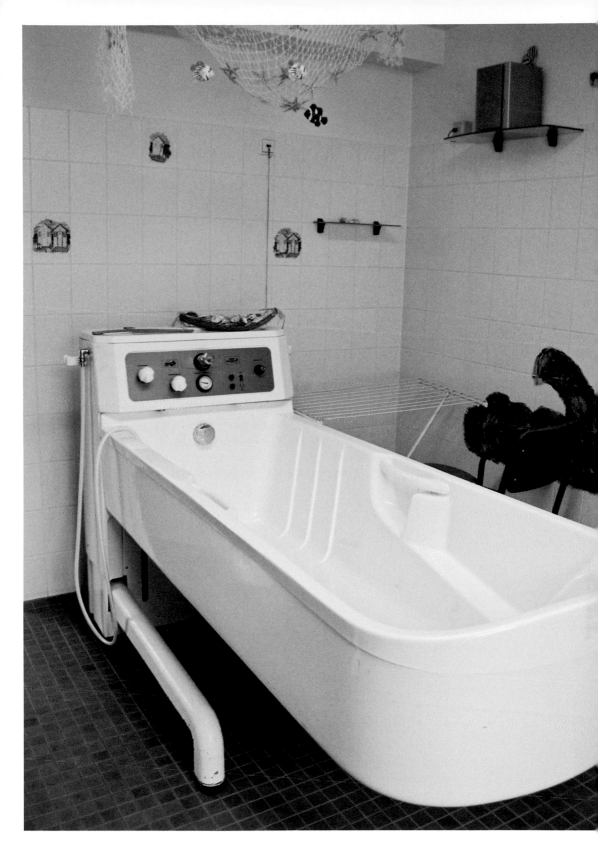

In diesem Zusammenhang ist unsere Pfarrerin eine wichtige Ansprechpartnerin. Mit ihr finden anlassbezogene Gesprächskreise statt. Zwar ist sie keine ausgebildete Supervisorin, aber als engagierte Seelsorgerin tätig.

Ist das dann vorwiegend eine religiöse Unterstützung?

Das ist nicht lediglich religiös, Seelsorge ist
mehr als Religion. Sie wird nicht nur auf der Basis
der Bibel praktiziert, sondern es geht all-
gemein um das Erlangen des seelischen Friedens,
ohne dass immer der Bezug zu Gott oder
Jesus geschaffen werden muss.

Es hilft manchmal schon, mit jemandem zu reden, der aus seiner inneren Einstellung heraus ein positiver Mensch ist. Das reicht an dieser Stelle, denn mehr tut ein Supervisor im Grunde genommen auch nicht. Er betreibt die Seelsorge nur auf eine andere Art und Weise.

An welchem Punkt suchen die Patienten Ihre Einrichtung auf?

Im Palliativbereich sind das für gewöhnlich Menschen, die austherapierte schwere Erkrankung haben, das ganze Spektrum der unangenehmen Erkrankungen, die man bekommen kann. Für diese Menschen kann im Krankenhaus nichts mehr getan werden, sie in das häusliche Umfeld zu entlassen, ist allerdings auch nicht möglich. Denn diejenigen, die sich um die Personen kümmern könnten, sind mit ihrer eigenen Lebenssituation auch überfordert.

Es ist auch wichtig zu sehen, dass eine Tochter oder ein Sohn, der versucht, einen schwerst erkrankten Elternteil zuhause zu versorgen, im Grunde genommen sein gesamtes Leben auf den Kopf stellen muss. Der kann nicht 24 Stunden Bereitschaftsdienst leisten, nebenher arbeiten und sich um seine eigene Familie kümmern.

Diese verklärte Vorstellung der Generationspflege aus der Vergangenheit kann nicht mehr der Realität entsprechen. Die Leistungsgrenze ist spätestens nach 36 oder 48 Monaten erreicht, das gilt schon für den normalen alten Menschen. Bezieht man das auf den besonders erkrankten Menschen, ist das noch mal schwieriger, da dort zusätzliche Anforderungen bestehen. Der Mensch, der frisch zur Kenntnis zu nehmen hat, dass er sich jetzt mit seinem Ableben beschäftigen muss, hadert mit seinem Schicksal. Er möchte noch länger leben und sieht gar nicht ein, warum es ihm so schlecht gehen muss und allen anderen gut. Diese Phase des Haderns hat auch häufig zur Folge, dass die Betroffenen anderen gegenüber ungerecht werden. Sie werden unfair, verletzen Menschen, ohne es zu wollen. Das ist in Eltern-Kind-Beziehungen deutlich schwieriger als etwa zwischen Ehepartnern. Dies sind Gründe, weshalb Menschen so eine Pflege zuhause nicht leisten können. Wir versuchen, nach Möglichkeit trotzdem den Anforderungen des Betroffenen gerecht zu werden. Das gelingt eben besser in solchen »besonderen« Abteilungen und dort beobachte ich – die letzten drei Monate jedenfalls –, dass die Leute wieder unbefangener aufeinander zugehen können. Einerseits wegen der Distanz, aber auch durch die Klarheit, dass sie nicht 24 Stunden lang dasein müssen, sondern nach zwei, vier Stunden oder auch nach dreißig Minuten wieder gehen können, wenn sie es nicht mehr aushalten. Das erleichtert die Situation einerseits für die Angehörigen, aber auch für den Betroffenen selbst, weil dieses Hadern, was er mit sich herumträgt, die Auseinandersetzung und auch das Begreifen, dass nun Schluss ist, auf einer anderen Ebene stattfinden kann.

Inwiefern lassen Sie solche Wutausbrüche und Anschuldigungen gegenüber dem Personal zu?

Diese Anschuldigungen betreffen nicht das Personal, die betreffen die Lebensumstände des Menschen. Die kriegen wir relativ wenig ab. Was uns entgegenkommt, ist eher Wut und Verzweiflung darüber, dass sie nichts ändern können, und die Ohnmacht, das ertragen zu müssen. Bei den älteren Menschen erlebten wir Derartiges seltener. Der akzeptiert das etwas gelassener als der junge Mensch, der sich diese Frage nach dem Warum viel deutlicher stellt.

Dessen Perspektive wäre ja auch eigentlich eine andere, nämlich die, noch zwanzig oder dreißig Jahre zu leben. Aber ich kann nicht wirklich beurteilen, wie diese Auseinandersetzung dann auf die Mitarbeiter wirkt. Ich glaube, das Problem des Pflegepersonals bei jüngeren Leuten ist das eben Beschriebene: zu sehen, dass jemand stirbt, der genauso alt ist wie man selber.

Die seelsorgliche Begleitung wird in vier großen Phasen untergliedert: Innerhalb der Kontaktaufnahme wird ein Vertrauensverhältnis hergestellt, die Katharsis dient zur psychischen Ablösung von der Vergangenheit. Einsichten, Konfliktbewältigungsstrategien und Neuorientierung werden während der Metanoia gesucht und in der Abschlussphase löst sich der Ratsuchende schließlich vom Begleiter. Wo liegen Übereinstimmungen, wo Abweichungen bei der Begleitung innerhalb der Palliativabteilung?

Die Leute, die zu uns kommen, wissen bereits, dass sie nicht mehr lange zu leben haben. Das heißt, das Loslassen hat schon ein Stück weit begonnen. Sie sind sich im Klaren darüber, dass sie bald sterben werden, und lassen sich deswegen auch auf die Einrichtung ein. Diese Kontaktaufnahme – wenn sie denn gewünscht ist, das ist ja auch nicht bei allen der Fall – kommt zustande, indem der Bewohner auf die Mitarbeiter zugeht und um ein Gespräch bittet. Unsere Pfarrerin führt die Gespräche mit dem Bewohner, intensiver sind allerdings die Gespräche mit den Angehörigen.

Ganz interessant ist, wenn man die Todesanzeige einer 96-jährigen Bewohnerin liest, in der steht, dass sie plötzlich und unerwartet verstorben sei.

Mit 96 Jahren stirbt man nicht mehr plötzlich und unerwartet. Ich denke, dass die Angehörigen das jedoch tatsächlich so erleben. Von daher fokussiert sich die seelsorgerische Begleitung der Pfarrerin stärker auf die Angehörigen- und Mitarbeiterbetreuung als auf die Betreuung des Versterbenden. Außer es ist ein katholischer Mensch, der dann eine besondere Zuwendung braucht wie die letzte Ölung, letzte Salbung und solche Dinge. Bei den protestantischen Menschen hingegen werden derartige Rituale nicht durchgeführt. Wir hatten auch schon häufig die Situation, dass der Betroffene, die Angehörigen und die Pfarrerin einfach nur gemeinsam im Zimmer saßen und die pure Anwesenheit schon half.

Die Trauerarbeit kann bei Angehörigen und Kranken oft sehr unterschiedlich ablaufen. Obwohl sie einen Weg gehen, befinden sie sich dabei häufig auf verschiedenen Abschnitten. Dadurch kommt es, entgegen der Annahme, dass sich die Menschen in solch schweren Phasen unterstützen, häufig zu Verletzungen, dem Gefühl verlassen zu sein etc. Wie vermitteln Sie in solchen Fällen?

Richtig. In einem Fall war das ganz extrem. Die Versterbende und deren Tochter waren sehr zerstritten und der Tochter war im Grunde kein Zugang mehr zu ihrer Mutter möglich, während die Großmutter noch immer ein intaktes Verhältnis zu ihrer Tochter hatte, aber zu ihrer Enkeltochter auch nicht. Unsere Pfarrerin hat in der Situation mit der Mutter sowie der Tochter der Versterbenden gesprochen. Das hat dazu geführt, dass die beiden mit dem Tod ihrer Mutter bzw. Tochter umgehen konnten. Die Versterbende hatte ein schweres Lungenkarzinom und rauchte noch bis drei Tage vor dem Tod. Also sie wusste genau, worauf sie sich einlässt. Für die beiden Angehörigen war es in dem Fall wichtig, auch separat Gespräche mit der Pfarrerin führen zu können. Die Unterhaltungen dauerten dann auch oft anderthalb bis zwei Stunden.

Ist es richtig, dass innerhalb der Altenseelsorge dem Lebensrückblick große Bedeutung beigemessen wird?

Eine Bilanz ziehen? Das habe ich bislang nur bei meiner Mutter erlebt, die vor einem Jahr gestorben ist. Sie hat für sich persönlich mehrseitige Briefe an ihre Lieblingsnichte verfasst, in denen sie aufschrieb, wie ihr Leben ab 1933/1934 verlaufen ist. Die Bilanz von meiner Mutter ist mir bekannt, aber bei den Menschen, die ich hier kennengelernt habe, kann ich das zumindest in diesem Palliativbereich überhaupt nicht feststellen. Ich vermute, dass sie das entweder schon vorher gemacht haben, woanders, oder ihre fortgeschrittene Erkrankung es ihnen nicht mehr ermöglicht.

Innerhalb der normalen Altenpflege muss man festhalten, dass ein sehr hohen Anteil an Demenzerkrankung leidet und aufgrund dessen nicht in der Lage ist, noch Bilanzen zu ziehen. Denen ist überhaupt nicht bewusst, was passiert.

Das letzte Stadium von Demenz ist der totale Gedächtnisverlust, oder?

Richtig. Deswegen sehen wir bei Demenzkranken auch immer diese Tätigkeiten. Sie können sich nur noch über taktile Reize wahrnehmen. Dieses Knöpfchen drehen, Wäsche falten und Gummis ziehen … Wenn sie nicht diesen Reiz an ihren Fingern hätten, wären sie sich ihrer selbst gar nicht mehr bewusst.

In Ihrer Einrichtung ist die Palliativabteilung in die Altenpflege integriert. Wie denken Sie über separate Hospizeinrichtungen?

Alles, was dazu dient, Dinge voneinander zu trennen, die eigentlich zueinander gehören, ist nichts weiter als eine Weiterentwicklung und Spezialisierung. Für meine Begriffe sind dies jedoch keine wünschenswerten Entwicklungen. Den Gedanken hinter der Hospizbewegung möchte ich nicht hinterfragen, der hat seine Berechtigung, aber ob es dafür besondere »Ghettos« braucht – um es mal etwas drastisch zu formulieren –, ist eine andere Frage. Ich bin der Meinung, dass Hospize zwar besondere Bereiche für besondere Menschen sind, aber ob sie auch dieses Status bedürfen, zweifle ich an. Ich halte es für sinnvoller, Dinge, die zusammengehören, auch zusammenzuhalten. Wenn man älter oder krank wird, stirbt man. Und wenn man eben jünger ist und krank wird, stirbt man auch. Der Tod gehört nun mal dazu, ihn auszugrenzen und damit aus dem Bewusstsein zu rücken, indem man Hospize errichtet, halte ich für verkehrt. Die Tatsache, dass jeder Mensch sterben muss, sollte wieder deutlich mehr in den Vordergrund gerückt werden und auch die Auseinandersetzung damit. Solche Dinge, wie Anti-Aging, sind doch nichts weiter als ein Ausdruck dessen, dass die Menschen weder altern noch sterben möchten. Das halte ich für widersinnig.

Philippe Ariés (1982/2005, S. 729) schrieb: »Je weiter das 20. Jahrhundert vorrückte, desto lästiger wurde die Anwesenheit des Kranken im Haus.«

Das ist auch einer der Gründe, weswegen wir das in unserem Haus integrieren möchten. Wir haben ohnehin mit dem Tod zu tun.

In den vergangenen 14 Jahren, die ich hier arbeite, habe ich etwa 400 Menschen sterben sehen. Durch die Palliativplätze sterben jetzt bei uns noch mehr Menschen, da die Aufenthaltsdauer kürzer ist. Aber im Grunde sterben diese Menschen genauso wie die anderen – jeder stirbt. Und da ein »Ghetto« draus zu machen und zu sagen: »Das ist jetzt ein Hospiz«, um noch ein bisschen mehr Tralala und Hopsasa drumherum zu veranstalten, halte ich für unnötig. Man sollte die Sachen normal angehen.

Wenn Schwerstkranke nicht in dem hohen Alter sind, stellt sich die Frage, woran man diese Menschen angliedert: Palliativstationen oder Krankenhäuser?

Das ist eine schwierige Frage. Der Regelfall ist, dass der Mensch im Alter stirbt. Frühzeitiges Sterben ist eher die Ausnahme. Diese Ausnahme besonders zu beleuchten, halte ich für schwierig. Mit jüngeren Menschen habe ich hier die Erfahrung gesammelt, dass es ihnen egal ist, ob sie in einem Umfeld sterben, in dem nur 40- oder 25-Jährige sind. Sie wissen, dass sie sterben müssen, und das beschäftigt sie. Das Umfeld, ob sie von alten oder jungen Menschen umgeben sind, ist dabei sekundär. Wichtig ist, dass sie nicht allein sind. Das ist das zentrale Thema in diesem Lebensabschnitt: Geborgenheit, Aufmerksamkeit und Wärme. Diese Menschen brauchen Platz für ihren Zorn und ihre Wut und die größte Aufgabe für sie in der Phase besteht darin, zu lernen, ihren nahen Tod zu akzeptieren. Die Sterbephasen junger Menschen unterscheiden sich nicht maßgeblich von denen der alten. Abweichend sehe ich das nur bei Kindern, beispielsweise Jugendliche, die mit 14 oder 16 an Leukämie erkrankt sind. Aber bei allen, die über die Pubertät hinaus sind und sich im Erwachsenenstadium befinden, sehe ich das anders.

Betrachtet man das durchschnittliche Lebensalter, bestehen in jedem Abschnitt gewisse Aufgaben: Kinder bekommen, Profession wählen usw. Ältere Menschen setzen sich aufgrund ihres Alters schon stärker mit der eigenen Vergänglichkeit auseinander als jüngere. Frühzeitig Erkrankte hingegen befinden sich noch gar nicht in der Phase, in der dieses Thema sonst präsent wäre.

Ich bin der festen Überzeugung, dass sich jeder
Mensch in jeder Lebensphase Gedanken
über seinen Tod macht. Wann haben Sie sich das
erste Mal Gedanken über den Tod gemacht?

In der Pubertät.

Die Frage kommt immer wieder. Sei es der Zeitpunkt, wenn die Mutter oder Groß-eltern sterben, irgendwann taucht sie wieder auf. Dies ist eine zentrale Frage des Lebens, die den Menschen begleitet, und taucht das erste Mal auf, wenn man groß wird – in der Pubertät. Stirbt ein nahestehender Mensch, folgt dem auch gleich die Frage nach dem eigenen Tod. Die wird einen vielleicht nicht lange aufhalten, aber je älter man wird, desto länger und häufiger beschäftigt man sich mit der Thematik.

Es heißt, wenn man sich das Leben als eine Linie vorstelle, bezieht man ab einem gewissen Alter auch den Endpunkt mit ein. Am Anfang nimmt man den allerdings nicht wirklich wahr. Freud sagte bereits, dass kein Mensch an den eigenen Tod glaube, höchstens an den der anderen.

Ich denke auch, dass verschiedene Aufgaben in den unterschiedlichen Lebensphasen bestehen, und natürlich ist in der letzten Phase die Auseinandersetzung mit dem Sterben die zentrale Aufgabe. Allerdings ist die letzte Lebensphase nicht vom Alter abhängig. Die beginnt dann, wenn man weiß, dass man in absehbarer Zeit sterben wird.

Dann muss man sich eventuell als 25-Jähriger mit einer Thematik befassen, die unter anderen Umständen erst mit 80 relevant geworden wäre. Die Endlichkeit des Lebens begegnet einem doch permanent. Je älter man wird, desto eher lernt man Menschen kennen, die genauso alt sind wie man selbst und plötzlich sterben. Sie werden heute Leute kennen, die in den nächsten drei oder vier Jahren sterben. Die Einschläge kommen dichter, je älter man wird.

Eine These besagt, dass der Tod in unserer Gesellschaft gar nicht stärker verdrängt wird als zuvor, sondern sich nur verlagert. Er findet zunehmend bei Hochbetagten statt, die am Rande der Gesellschaft stehen, wodurch auch der Tod marginalisiert werden würde.

Das ist eine interessante Überlegung, die ich jedoch für falsch halte. Deutlich wird das an Klassentreffen 15 oder 20 Jahre nach der Schule. Wir haben eins gemacht nach 10, 20 und 25 Jahren. Wieviele Leute da schon gestorben sind ... Meine erste Freundin, Mutter von vier Kindern, ist vor acht Jahren gestorben. Ich habe mittlerweile sieben Leute verloren, die das gleiche Baujahr waren wie ich.

Wie stehen Sie zur Euthanasie?

Also wenn man den Begriff der Euthanasie nicht verwendet, wie er 1933 und in den darauf folgenden Jahren verwendet wurde, denke ich, dass Sterbehilfe – um das deutsche Wort dafür zu benutzen – ein … Das ist schwierig! Muss man von vorne anfangen … Wenn der eindeutige Wunsch eines Menschen besteht, keine lebensverlängernden Maßnahmen zu bekommen und er sich voll bewusst ist, deswegen auch relativ kurzfristig zu sterben, ist das seine Entscheidung, die ich akzeptiere.

Wenn ein sterbender Mensch in einer zuvor geregelten Verschriftlichung festgehalten hat, dass er, wenn er nicht mehr in der Lage ist, dieses oder jenes zu entscheiden, Hilfe zum Sterben bekommen möchte, dann wird das schwierig für mich.

In dem Moment, wo ich aktiv jemandem das Sterben ermögliche, also aktives Töten, habe ich Schwierigkeiten. Keine habe ich, wenn ich es durch Unterlassung unterstützen kann oder wenn jemand seit 25 oder 30 Jahren Dialyse-Patient ist und keine Kraft und Lust mehr hat, jeden zweiten Tag an diesen blöden Apparat angeschlossen zu werden. Er hat nichts davon, ist im Anschluss auch nur für anderthalb Tage fitter und seine Gedanken drehen sich nur darum, dass er am übernächsten Tag schon wieder hin muss, um vier Stunden dort zu liegen.

Sagt mir solch ein Mensch, dass er diese Prozedur nicht mehr über sich ergehen lassen will, hätte ich überhaupt kein Problem damit. Dann würde ich überlegen, wie ich ihm bei den damit verbundenen Folgen helfen kann. Das tut schließlich weh, wenn auf einmal das Blut nicht mehr sauber ist. In solch einem Fall kann ich nur anbieten, ihn dabei zu begleiten und versuchen, sein Leiden zu lindern, aber ansonsten ist das seine Entscheidung. Aktive Sterbehilfe im Sinne von Dignitas in der Schweiz ist auch so ein zweischneidiges Schwert. Es gab den Fall dieser Französin, die eine sehr seltene Karzinomerkrankung der Nasenschleimhäute hatte; ein völlig aufgeblähtes Gesicht bekam, weil der Tumor so fürchterlich wuchs. Sie wollte sich vor Gericht das Recht auf den eigenen Tod erstreiten, unterlag dabei und wurde daraufhin völlig unerwartet in ihrer Wohnung tot aufgefunden. Das ist ein außerordentlich schwieriges Thema und ich denke, da gibt es keine allgemeingültige Formel. Meiner Ansicht nach ist die gründliche Abwägung des Einzelfalls notwendig. Bei dieser Dame hätte ich mir durchaus vorstellen können, dass es sinnvoll gewesen wäre, ihr aktiv zu helfen. Man muss das wirklich sehr genau betrachten.

Jeder, der meint, er sei dazu berufen, einer anderen Person dabei zu helfen, muss das vor sich selber verantworten, nicht vor der Gesellschaft, denn die hat keinen moralischen Alleinvertretungsanspruch. Es ist mir zu einfach, schwarz-weiß zu malen: Sterbehilfe ist verboten oder Sterbehilfe ist erlaubt, weil dieses Thema viel zu komplex dafür ist.

Wie war das denn mit dem Suizid hier im Haus?

Diese Dame hat es fünf Mal versucht. Beim vierten Mal hat sie sich so unglücklich aus dem Fenster gestürzt, dass ihr ein Bein abgenommen werden musste. Beim fünften Mal ist sie ohne Hilfsmittel wie Krücke oder Rollstuhl nachts quer durchs Haus gekommen und stürzte sich völlig abseits von ihrem eigenen Wohnbereich aus dem Fenster. Sie schlug unten auf die Wiese auf, wurde noch vom Notarzt behandelt und verstarb kurz danach im Krankenhaus.

Wie wichtig sind bei Ihnen religiöse Aspekte in der Einrichtung?

Wir sind eine Einrichtung der evangelischen Altenhilfe, das heißt, wir beziehen uns in unserer Arbeit ausdrücklich auf die Nachfolge Christi. Ich persönlich bin ein religiöser Mensch und überzeugt von vielen Dingen, das hat aber auch mit meiner Vergangenheit zu tun. Religion und Rituale sind für viele alte Menschen sehr wichtig. Rituale, wie wir sie im Haus praktizieren, haben den Zweck, den Tod anderer Leute bewältigen zu können – ob das die Aussegnungsfeier ist, die wir bei jedem Verstorbenen veranstalten, der Rahmen mit der Kerze, den wir aufstellen, oder, wie jetzt erstmalig durchgeführt, der Gedenkgottesdienst für Angehörige und Mitarbeiter. Es hilft nicht zwingend, den eigenen Tod oder die Vorbereitung darauf zu bewältigen.

Ich habe nach wie vor eine Heidenangst vor dem Tod!

Obwohl Sie so oft damit konfrontiert werden?

Es ist der Tod der Anderen, aber es bleiben – auch wenn man religiös ist oder eine in die Richtung gehende Orientierung hat – immer noch Zweifel. Sie gehören zum Glauben und es gibt die Tage, an denen er fest ist, wo gar keine Zweifel bestehen, genauso jedoch die Tage, an denen er erweicht ... »Ist alles tatsächlich so, wie mir mal versichert wurde, oder ist es nicht doch anders? Gibt es einen Himmel, gibt es keinen? Hat meine atheistische Tante nicht eventuell doch recht, wenn sie sagt: Wenn es vorbei ist, sei es schwarz?« Diese Fragen kann auch keiner beantworten außer man selbst, oder sie werden spätestens an dem eigenen Todestag beantwortet.

Ich frage mich, wie Spiritualität mit der Arbeit in einer Palliativabteilung zusammenpasst? Gerade wenn man Menschen begegnet, die wirklich so jung unheilbar erkranken.

Ich habe es, wie gesagt, vor einem Jahr erst erlebt: Meine Mutter war jahrelang eine hochgradig sozial-politisch engagierte Persönlichkeit, hat viel für die Arbeiterwohlfahrt in Nord-Hessen getan, sich für alte Menschen engagiert, war Mitglied im Seniorenbeirat und bei einer Partei aktiv. Vor Jahren hörte sie auf zu rauchen und bekam trotzdem Lungenkrebs. Warum? Hier ist die Frage: »Warum? Warum ich?« Diese Frage konnte sie relativ schnell zur Seite drücken und hat eben einfach weitergemacht. Nach der Chemotherapie trainierte sie ihre Atmung und vieles mehr. So nach dem Motto: »Das wird schon wieder!« Zunächst sah es auch erst einmal so aus, aber es wurde nicht wieder. So ein engagierter, guter Mensch, der fünf Kinder großgezogen hat, permanent nur für andere lebte, und dann kriegt der so eine dämliche, blöde, heimtückische und gemeine Erkrankung und muss daran auch noch sterben.

Die Frage der Gerechtigkeit lässt sich nicht mit unseren Maßstäben klären, weil unsere Maßstäbe nicht die sind, die man daran anlegen kann. Warum muss ein 14-jähriges Kind an Leukämie sterben und andere 14-Jährige nicht? Warum muss ein 13-Jähriger mit seinem Fahrrad von einem LKW überfahren werden und andere nicht? Warum müssen die Eltern von vier Kindern in ihrem Haus an einer Monoxid-Vergiftung sterben und die vier Kinder nicht? Warum können wir nicht gleich die ganze Familie »entsorgen«?

Das sind Fragen, die wir nicht beantworten können. Ich habe es mal versucht, als ich jung war. Habe es mir aber relativ einfach gemacht und gesagt:

»Weil die Aufgabe jenes Menschen gelöst ist.
Er hat seine Aufgabe erfüllt und deswegen stirbt er.«

Das klingt ein bisschen banal, ich denke jedoch, dass wir alle da sind, um irgendwelche Tätigkeiten und Aufgaben zu erfüllen und wenn wir das erreicht haben, ist unsere Zeit rum. Da wir aber nicht wissen, welche Aufgaben wir zu erfüllen haben, wissen wir auch nicht, wann unsere Zeit vorbei ist. Das ist der Vorteil dabei. Wüssten wir das, wäre das ziemlich blöd. Auch der 14-Jährige, der sich in Bebra auf die Schienen legt und von einem Zug überfahren lässt, der so ganz bewusst selbst seinen Tod sucht, dessen Uhr war offensichtlich abgelaufen.

Sie finden es möglicherweise gerecht, dass da jemand stirbt, und ich finde es unter Umständen scheiße, dass er stirbt. Wir könnten bei der selben Person, bei dem selben Ereignis, zu völlig unterschiedlichen Ergebnissen kommen. Der amerikanische Präsident findet es gut, dass Saddam Hussein von seinen irakischen Freunden aufgehängt wurde, während der buddhistische Mönch, der irgendwo im Himalaya sitzt, sich fragt, ob die jetzt alle völlig bescheuert sind, da er es ungerecht findet, dass sie ihn aufhängen. Aus diesem Grund zieht diese Frage nicht, glaube ich.

Gut, ich habe ein wenig Probleme damit, dass man eine Aufgabe erfüllen muss. Wer stellt mir die Aufgabe?

Ja, genau. Das ist die Frage nach der Aufgabe. Was ist denn meine Aufgabe? Vielleicht war die Aufgabe des 14-Jährigen, bis zu dem Tag einfach da zu sein, dann zu sterben und den Eltern einen Haufen Fragen zu hinterlassen.

Die Aufgabe, in einem anderen Menschen etwas auszulösen?

In einem anderen Menschen etwas auszulösen, könnte doch sein. Da kann man lange philosophieren und ich weiß auch nicht, ob das die Antwort auf die Frage ist, aber das ist die, mit der ich am besten leben kann.

Dank

Mein Dank gilt meiner Familie, Steffen, Jan, Gabi, Wiebke, Huy, Johanna, Arne, Wolfgang Hegewald, Heike Grebin, den freundlichen V&R-Mitarbeitern, speziell Günter Presting und Sandra Englisch, allen voran aber den aufgeschlossenen Gesprächspartnern, die dieses Buch überhaupt erst ermöglicht haben.

Literatur

ARIÈS, P. (1982/2005).
Die Geschichte des Todes (11. Aufl.).
München: Deutscher Taschenbuchverlag.

ELIAS, N. (1982).
Über die Einsamkeit der Sterbenden in unseren Tagen.
Frankfurt a. M.: Suhrkamp.

KNOBLAUCH, H., ZINGERLE, A. (Hrsg.) (2005).
Thanatosoziologie: Tod, Hospiz und die Institutionalisierung des Sterbens.
Berlin: Duncker und Humblot.

MALINOWSKI, B. (1973).
Magie, Wissenschaft und Religion und andere Schriften.
Frankfurt a. M.: S. Fischer.

MOSER, U. (2000).
Identität, Spiritualität und Lebenssinn: Grundlagen seelsorglicher Begleitung im Altenheim. Studien zur Theologie und Praxis der Seelsorge. Bd. 42.
Würzburg: Seelsorge Echter.

O. N. (1987).
Messer im Rücken. Der Spiegel, 15, 94-95.

REHNING, J. (2006).
Todesmutig: Das siebte Werk der Barmherzigkeit.
Düsseldorf: Fachverlag des Deutschen Bestattungsgewerbes.

ROACH, M. (2005).
Die fabelhafte Welt der Leichen.
München: Deutsche Verlagsanstalt.

STADT CHEMNITZ, GESUNDHEITSAMT (Hrsg.) (1995).
Psychosoziale Begleitung Schwerstkranker und Sterbender.
3. Gemeinsames Gespräch zu Themen der Psychosozialen Onkologie.
Chemnitz: Stadt Chemnitz, Gesundheitsamt.

STOLLE, W. (2001).
Der Tod: zur Geschichte des Umgangs mit Sterben und Trauer.
Ausstellung Hessisches Landesmuseum Darmstadt.
Darmstadt: Hessisches Landesmuseum.